JEAN-PHILIPPE BRÉBION

L'EMPREINTE DE NAISSANCE

Vingt-sept mois pour une vie

Préfaces de
Lochen Tulku Rinpoché
et
D^r. Claude Sabbah

Editions
Quintessence

Calligraphie de couverture :
Juan CASTRESANA
Harmonie Naturelle
(Collection personnelle de l'auteur).

© 2004 — Editions Quintessence – *S.A.R.L. Holoconcept* –
Rue de la Bastidonne – 13678 Aubagne cedex
Tél (+33) 04 42 18 90 94 – Fax (+33) 04 42 18 90 99
Tous droits de reproduction et de traduction réservés pour tous pays.
ISBN 2-913281-33-8

à Marie,
à Émilie,
mes deux filles.

Un remerciement tout particulier à Christine LOISEAU-SEITY, qui a mis toute son énergie pour que ce livre puisse voir le jour. Elle a soigneusement tapé et mis en forme les interminables enregistrements des stages et conférences. Ce sont ces documents qui ont fait la matière de ce livre. Qu'elle trouve ici l'expression de toute ma reconnaissance et de mon amitié.

PRÉFACE DE LOCHEN TULKU

J'ai fait la connaissance de Jean-Philippe Brébion (qui vit en France), il y a plusieurs années, et dès le début, j'ai trouvé qu'il était un homme de cœur avec un grand désir de servir l'humanité dans le domaine de la santé. Il travaille dans cette voie depuis plus de vingt ans et a aidé des milliers de personnes avec son grand cœur et grâce à la bioanalogie. Je suis vraiment impressionné par sa découverte, qui est en train de devenir d'une grande aide pour l'homme.

En discutant avec Jean-Philippe Brébion, j'ai immédiatement senti que bouddhisme et bioanalogie réunis seraient capables d'être d'une grande contribution au monde. La bioanalogie traite du programme de notre cerveau appelé programme inconscient, d'où il résulte toutes les différentes maladies. Selon le bouddhisme, le cerveau est programmé par les pensées d'une façon ou d'une autre et ainsi la cause ultime de ce programme est l'esprit. Tous les phénomènes se produisent à partir de nos pensées et quand la vérité ultime est trouvée, c'est alors la fin de toutes les souffrances.

Nous avons véritablement travaillé ensemble avec Jean-Philippe Brébion sur le système traditionnel Amchi de la vallée de Spiti, située en Inde dans l'Himalaya à une altitude de 4 000 mètres. Ce système de la vallée de Spiti s'est traditionnellement développé dans la région, même s'il est originaire du Bouddhisme, largement pratiqué au Tibet. Le système Amchi parle des trois racines de toutes les maladies, et la principale cause de celles-ci en est les trois afflictions de l'esprit. J'ai plusieurs raisons de croire que la bioanalogie et le bouddhisme peuvent et devraient travailler ensemble pour servir l'humanité dans une voie meilleure et plus efficace.

Je souhaite beaucoup de succès à ce livre qui est le résultat d'une très grande motivation et d'un dévouement depuis de nombreuses années de la part de Jean-Philippe Brébion.

T.K. Lochen Tulku Rimpoche
Chef spirituel et directeur
du monastère de Key, Spiti, H.P.
Ancien membre de la Commission
Nationale des minorités pour le gouvernement
indien.
Novembre 2003

PRÉFACE DU Dr CLAUDE SABBAH

C'est avec un plaisir infini que j'ai accepté de préfacer ce livre très beau et très complet de Jean-Philippe Brébion.

Autodidacte, c'est avec un sérieux et une fougue admirables qu'il a travaillé son concept de bioanalogie à partir d'une compréhension de haute valeur scientifique et philosophique de ce qu'est réellement une empreinte et de ce que signifie exactement un pas.

Il a donc décidé d'approfondir ces concepts avec passion et, enthousiasmé par ce qui se passait sous ses yeux à chaque rencontre, il s'est nourri à la source des meilleurs dans les différents domaines abordés pour synthétiser son savoir.

L'une de ses plus grandes rencontres a été sans conteste le bouddhisme tibétain, rencontre qu'il a effectuée à la fois en Europe et en Inde, au nord de l'Inde dans la majestueuse et grande vallée de Spiti à la frontière du Tibet, berceau du bouddhisme tibétain.

Je suis ravi de savoir qu'une des autres rares rencontres majeures déterminantes de sa vie a été celle de la Biologie Totale des Êtres Vivants décrite sous forme d'histoires naturelles comparant les trois règnes : végétal, animal et humain, qu'il est venu étudier avec moi à de nombreuses occasions et qui a fait partie intégrante de sa vaste synthèse pour alimenter certains aspects majeurs de son concept : la bioanalogie.

Ça a toujours été pour moi un plaisir de l'entendre et de le lire et je sais qu'il en sera de même pour vous si, comme il se plait à le dire et le répéter, vous vivez avec l'"intelligence du cœur."

Il m'a été précieux de l'avoir parmi mes élèves dont il est l'un des plus brillants, mais il m'est infiniment plus précieux encore de l'avoir comme véritable ami, lui que je considère comme un sage, un philosophe, un scientifique, un érudit...

Lisez attentivement ce livre, le moment venu pour vous, il vous ouvrira le chemin d'une connaissance certainement authentique, et cette lecture sera pour vous une opportunité pour une belle évolution personnelle et pour une approche étoffée de la compréhension de la réalité si subtile de ce monde qu'est le notre et de son fonctionnement intime.

Merci à toi cher Jean-Philippe.

Claude Sabbah
Décembre 2003

REMERCIEMENTS

Un livre n'appartient pas à son auteur, il est le résultat d'un parcours personnel fait de réflexions issues de rencontres. C'est en pensant à tous ces gens que j'ai souhaité écrire ces quelques lignes de remerciements. Cette liste n'est pas exhaustive et je ne pourrai pas tous les citer, qu'ils n'en prennent pas ombrages, ils sont dans mon cœur. Voici donc quelques-uns qui ont participé à changer mon regard sur le monde.

Franck d'Ascanio ami de toujours pour ces soirées interminables où nous avons refait le monde.

René Schwaller de Lubicz, car c'est en lisant une des dernières phrases de sa vie que pour la première fois mon esprit a perçu l'inconcevable.

Georges Dauce, vieux frère de chemin, professeur de Yoga qui le premier m'a incité à me lancer sur la voie de l'enseignement.

Arnaud Desjardins qu'il trouve ici ma gratitude car c'est avec son enseignement issu de la sagesse indienne qu'il a réveillé mon âme il y a plus de 25 ans.

Denise Desjardins, avec son infinie patience, m'a amené à contacter cet instant personnel.

Josette Martel qui m'a validé dans mes capacités à lire le corps.

Robert Courbon, pour m'avoir fait toucher du doigt l'invisible.

Dany Dorel, Didier Pivardière et Michel Ozeretzkovsky, mes frères les "tontons", pour l'intensité de ce que nous avons partagé, dans l'alchimie magique de la vie.

Gitta Mallaz qui avec une phrase percutante et sans concession comme elle savait si bien le faire a fait basculer ma vie.

Cet inconnu, paysan des flancs de l'Etna, la justesse de sa réflexion m'a enseigné ce que je n'avais jamais trouvé dans aucun livre de spiritualité.

Michel Charruyer, pour m'avoir fait partager son talent à lire dans les empreintes du pied, au "pied levé."

Gérard Athias, poète inspiré du décodage biologique, qui nous prête à rêver "le mot à maux."

Georges Lahy, des éditions Quintessence, qui sans aucune hésitation ni réserve a accueilli mon livre.

Claude Sabbah qui en reconnaissant le génie du Dr Ryke Geerd Hamer, et grâce à son talent, a développé son enseignement à travers la Biologie Totale. Il fait partie de ceux qui ont intensément bouleversé ma vision du monde.

Lochen Tulku Rinpoche, leader spirituel du bouddhisme tibétain, son amitié et les nombreux échanges que nous avons m'enrichissent en conduisant ma réflexion vers une éternelle remise en question.

Merci aussi à ces deux derniers d'avoir généreusement préfacé ce premier livre. Qu'ils trouvent ici l'expression de ma très sincère amitié.

Bien évidemment, je ne pourrai pas citer tous ceux qui ont éclairé ma vie, et pourtant je n'oublie pas ceux et celles avec qui, à un moment donné, nous avons partagé dans l'intensité du cœur : *Bernard M., Richard F.,* et bien d'autres... Ce fut des rencontres puissantes, dont je garde au fond du cœur un souvenir ému. Les événements de la vie ont fait que nos destins se sont éloignés. Qu'ils soient ici remerciés pour ces instants uniques.

Il y a aussi, bien sûr, ceux qui m'ont fait confiance en consultation et en stage, et qui en livrant à nu la profondeur de leur être ont alimenté ma réflexion inspirant ainsi la matière de ce livre. Merci pour leur authenticité.

Je ne terminerai pas ces remerciements sans nommer celle qui depuis vingt-cinq ans partage ma vie et marche avec moi, à mes côtés : Annie ma femme et mère de nos deux filles. Qu'elle trouve ici l'expression de tout mon amour pour sa fidélité, son accompagnement, sa patience, la finesse et la pertinence de ses conseils.

Nous sommes la rencontre de nos parents, notre potentiel et notre richesse sont inscrits dans cette rencontre, c'est un des thèmes particulièrement développé dans ce livre. Aussi en conclusion, je m'adresse à mes parents en témoignage de mon amour.

Avant-Propos

Écrire son premier livre après 50 ans est une grande aventure. C'est accoucher de soi-même.

Ce livre est tout à la fois, un aboutissement, une rencontre, un point de départ.

Un aboutissement, car il est la concrétisation d'une pratique professionnelle de trente ans, le résultat d'un cheminement et d'un regard personnel.

Une rencontre entre le monde du ciel et le monde de la terre, une rencontre entre deux traditions, deux regards sur la vie, avec l'humain en son cœur.

C'est aussi un point de départ, car c'est une proposition pour utiliser un "outil" nouveau au service de notre cheminement personnel.

C'est un sentiment très paradoxal.

Comme si d'un côté les choses allaient être définitivement figées, et de l'autre, cette ouverture au monde, cette rencontre extraordinaire avec le lecteur mettant ainsi en place un espace d'échange, de partage, et de communication.

Alors bien évidemment, ce livre ne peut être fini. L'outil proposé en est à ses premiers travaux, ses premiers décodages, ses premières interprétations. Je souhaite que ce qui est décrit donne au lecteur le goût et l'envie de reconsidérer sa vie, afin d'en découvrir le sens et de comprendre en quoi il est un instrument au service de la création.

Dans ce livre, mon propos n'est en aucun cas de vouloir se substituer à la science ou à la médecine moderne. Je souhaite simplement proposer au lecteur d'élargir son regard, de sortir du cadre habituel de sa vision du monde. C'est en élargissant le regard que l'on peut évoluer et accéder à une autre dimension de nous-même, à une autre compréhension de notre place dans l'univers.

Lors de mes séminaires, je répète régulièrement aux participants "Surtout ne me croyez pas ! Vérifiez !"

Qu'est ce que cela veut dire ?

La première chose est que nous ne devons pas construire notre vie sur des croyances, mais sur des certitudes.

C'est en s'appuyant sur des certitudes que nous pouvons changer, que nous pouvons évoluer.

Cependant une certitude n'a besoin d'être vérifiée que par nous-même pour qu'elle devienne notre vérité, une certitude est unique et personnelle.

Alors, lecteur, si dans ce livre certaines choses te heurtent, si certaines choses créent en toi un conflit, ne t'en occupe pas, laisse cette chose de côté. Ne garde que ce qui te parle, que ce qui te donne un éclairage, que ce qui éveille ta conscience.

Ce livre n'a pas pour but de diviser, mais bien au contraire de réunir, ce livre ne veut rien prouver. Ce livre est une invitation à une expérience, une invitation à contacter et nourrir une part de nous, à faire vivre un "instant personnel" et unique.

Bonne lecture.

"Connais-toi toi-même,
et tu connaîtras l'univers et les dieux".

(Oracle d'Apollon, inscrit sur le fronton du temple de Delphes.)

CHAPITRE 1

La bioanalogie

LA QUÊTE DU SENS

LE HASARD ET LA VIE

Quel que soit le parcours individuel de chacun, toute vie est ponctuée d'événements, espérés ou inattendus, heureux ou dramatiques, et nous sommes tous, tôt ou tard, confrontés, à "l'ingérable" : maladies, accidents ou deuils qui nous laissent désemparés, démunis.

Dans ces moments de souffrance, il nous arrive d'éprouver un sentiment d'impuissance, d'incompréhension, voire d'injustice, souvent, ces instants particuliers suscitent de nombreuses interrogations. Nous voudrions comprendre le pourquoi de ces maladies, ces accidents, ces "coups du sort."

Frappent-ils réellement d'une manière aléatoire ?

Notre biologie, notre vie toute entière, s'expriment-elles dans un désordre absolu ?

Comment accepter ?

N'avons-nous pas d'autre solution que de subir sans chercher un sens à tout cela ?

Face à tout ce qui nous atteint, nous avons deux attitudes possibles : soit nous mettons l'événement sur le compte de la malchance ou de la maladresse d'autrui et concluons que le monde, les autres, la vie, sont injustes ou / et cruels, soit nous nous demandons pourquoi "cela nous arrive", à ce moment de notre existence et, réfutant toute idée de hasard, nous décidons de relire notre histoire personnelle pour tenter d'en trouver le sens.

CHANGER DE REGARD

Consciemment ou non, nous avons tous une vision du monde, des références, habitudes de raisonnement ou schémas de pensée, sur lesquels nous nous appuyons et la plupart du temps, nous considérons les événements de la vie à travers ces filtres sans vraiment les remettre en question.

Par analogie, imaginons que trois personnes essaient de décrire à une quatrième, non-voyante une grosse boîte d'allumettes. Chacun, suivant son propre point de vue, va exprimer une réalité différente : le premier évoque un simple rectangle plat, le second, un volume et le troisième parle essentiellement d'un angle avec deux points de fuite...

Il s'agit bien de la même boîte et aucune de ces descriptions n'est erronée mais a-t-elle été décrite dans sa réalité ?

Dans la vie, chacun a sa grille de lecture, issue de ce qu'il est, et tant que rien ne vient bousculer ses certitudes, il ne voit aucune raison de la modifier.

Pour le freudien "tout est inconscient", pour l'astrophysicien, "tout est énergie" et pour l'artiste, "tout est création.".. et tout le monde a raison !

Mais lorsque l'un d'eux décide d'affirmer "sa vérité", à l'exclusion de toutes les autres, il limite l'univers à sa seule vision des choses, ce qui est forcément réducteur.

"Tout est" si nous acceptons de nous dégager de nos structures et de nos comportements acquis, il devient possible d'accéder à un autre plan de compréhension.

C'est ce que propose la bioanalogie, démarche de recherche au cours de laquelle nous apprenons à délaisser nos a priori, nos mécanismes de pensée, afin de permettre à notre réflexion de cheminer sur des sentiers inhabituels.

18

Une réalité "non séparable"

Un de nos fonctionnements les plus courants est de dissocier les événements de notre vie : nous morcelons, trions, "étiquetons", classons avec nos propres critères. Or, le travail en bioanalogie nous fait découvrir que chaque symptôme, chaque maladie, chaque instant de notre existence, chaque partie de notre histoire est l'expression d'une seule et même "réalité non séparable."

Pour expliquer le terme "non séparable", considérons le ciel et la Terre : ils ne sont ni séparés, ni reliés, – ce qui n'est pas séparé n'est pas "re-liable" par définition, ils sont indissociables et existent l'un par rapport à l'autre.

Lorsque nous parlons de l'un, nous citons l'autre implicitement, il s'agit de la même entité "non séparable."

De la même façon, dans notre existence, rien n'est "séparé", rien n'est "relié" : nous vivons une "réalité non séparable."

Ce phénomène est comparable au principe de l'hologramme auquel un point de plus n'ajoutera pas de détail supplémentaire – chaque point contient la totalité de l'image holographique et non un fragment séparé. De même, chaque élément de notre vie restitue, à chaque fois la totalité de notre existence.

Ce sont les clés de cette lecture que la bioanalogie nous propose d'acquérir.

Le point de départ de toute démarche en bioanalogie est de concevoir clairement ce que nous souhaitons résoudre à ce moment précis de notre vie puis de le formuler avec précision. En effet, la formulation de la question est fondamentale parce que les mots employés, loin d'être choisis au hasard par notre inconscient, sont déjà porteurs de sens...

Nous pouvons même dire que dans la question posée se trouve déjà résumée l'histoire de chacun !

De plus, clarifier au maximum sa question permet à chacun, d'une part de se resituer dans sa réalité présente et de mobiliser la conscience de soi, d'autre part, d'envoyer à son cerveau biologique une question précise qui appellera une réponse tout aussi précise.

LA RÉALITÉ EST DANS LE PRÉSENT

Nous entendons beaucoup parler de généalogie actuellement et je travaille, bien sûr, à partir de cette source qui apporte des informations supplémentaires, mais encore une fois, n'importe quel élément de notre vie, même l'événement a priori le plus insignifiant, parlant de la totalité, il n'est pas indispensable, à mon sens, de connaître parfaitement sa généalogie pour comprendre son histoire présente.

En écho à la phrase "Si tu ne sais pas où tu vas, n'oublie jamais d'où tu viens", je dirais que ce n'est pas "d'où je viens" qui est le plus important : l'essentiel est "où je suis, ici, maintenant", parce que cela parle de la "totalité de mon existence."

C'est "ma réalité."

Nous ne pouvons guérir que dans le réel.

La sagesse indienne dit : "Le chemin commence là où je suis."

Notre chemin commence ici et maintenant, il est unique parce que nous sommes tous uniques. Il n'y a qu'une vérité : nous-même.

IL NE NOUS MANQUE RIEN POUR RÉSOUDRE L'INSTANT PRÉSENT

Il faut bien reconnaître que nous vivons dans un monde où il nous "manque" toujours quelque chose. Cette idée est largement entretenue par les médias et la société dans son ensemble : ce sont les biens de consommation qu'il faut avoir, les techniques qu'il faut maîtriser ou encore les savoirs qu'il faut acquérir...

Cette "culture du manque" fait que de nombreuses personnes passent leur vie à regretter ce qu'ils n'ont pas, ce qu'ils ne savent pas, en se disant pour se rassurer que s'ils avaient pu faire autrement, s'ils avaient eu plus de chance ou plus d'amour, etc., ils n'en seraient pas là.

Ce faisant, ils entretiennent "l'illusion du manque."

En réalité, nous faisons tous des choix en fonction de ce que nous sommes à chaque instant mais nous ne "manquons" rien, et nous ne manquons de rien.

Commençons par cesser d'entretenir cette illusion du manque – qui n'est autre qu'une forme d' "alibi" – car s'ancrer dans cette idée est un piège du mental qui a peur du changement. Chacun a, à chaque instant de sa vie, tout ce qu'il lui faut pour s'accomplir pleinement. Chacun est dans sa totalité, ici et maintenant.

LES OUTILS DE LA BIOANALOGIE

Pour mettre à jour les analogies entre les différents aspects de notre vie et en comprendre le sens, nous nous appuyons sur :

- l'identité de la personne et sa question,

- l'imprégnation cellulaire de la naissance (vingt-sept mois) : l'Empreinte,

- les différents niveaux de lecture de l'Empreinte et de ses cycles,

- le parcours de vie de neuf mois en neuf mois,

Pour cela nous utilisons aussi différentes ressources :

- les lois de la biologie et le décodage biologique de la maladie (essentiellement issues des travaux de Claude Sabbah, de Gérard Athias),

- la structure énergétique et la symbolique du corps humain,

- la mémoire trans-générationnelle.

"ÉCOUTE, SINON TA LANGUE TE RENDRA SOURD"[1]

C'est avec cette citation que j'ai entendu Gérard Athias ouvrir sa première journée de formation.

Nous avons parfois tendance à vivre enfermés en nous-même, tout en nous basant essentiellement – et paradoxalement – sur la vie extérieure.

---

[1] Sitting Bull – Chef indien.

Par peur de la solitude, nous adhérons à des vérités communes et dès le plus jeune âge, nous laissant persuader que la vérité vient de l'extérieur, nous absorbons, bon gré, mal gré, tous les "savoirs" bien établis qui nous sont dispensés au fil des années.

Nous agissons de la même façon face à la maladie en attribuant à des causes extérieures comme les virus, les microbes, l'hérédité – voire la météo... Nous écartant ainsi du contact avec notre vérité intérieure.

Mais il faut comprendre que cette attitude nous empêche d'entrer dans notre perception profonde, non comparable, et de réaliser que nous sommes uniques et singuliers. Car ce n'est pas ce que nous croyons, savons ou croyons savoir qui est le plus important, mais c'est ce que nous vivons, ce que nous "goûtons", sans aucune référence externe.

Si nous apprenions désormais à écouter et à laisser émerger ce qui vient de notre profondeur ? Si nous prenions le risque de changer de regard sur la vie pour lutter contre cette part de nous qui nous incite à rester sédentaire parce qu'elle redoute ce qu'elle ne connaît pas ?

NOMADE OU SÉDENTAIRE

Traditionnellement, le sédentaire vit dans une structure solide et carrée – la maison – et se déplace le jour en se guidant sur le soleil alors que le nomade vit dans un camp de toile en forme de cercle et se déplace la nuit, en s'orientant à partir des étoiles et de la lune.

Ils ne se rencontrent qu'à deux moments de l'année :
- au printemps, quand le sédentaire sort de sa maison pour cultiver ses terres ;
- à l'automne, lorsque ses greniers sont pleins et qu'il établit des échanges commerciaux avec le nomade.

Ces deux périodes sont toujours très importantes pour les personnes dépressives : leurs symptômes réapparaissent ou s'exacerbent au début de l'automne et au début du printemps. En effet, elles ont des difficultés à s'adapter à cette transition, à changer d'énergie pour passer du stable au mouvant, du connu à l'inconnu : *elles ne parviennent pas à "passer du nomade au sédentaire" ou inversement.*

Or, la vie tout entière s'inscrit dans ce passage permanent du "nomade au sédentaire" et "du sédentaire au nomade." C'est une des lectures possibles du meurtre rituel de Caïn à l'encontre d'Abel : pour que la vie se perpétue, le nomade doit tuer le sédentaire.

Pour que la vie se perpétue, il nous faut lâcher nos ancrages, être alternativement nomade et sédentaire.

Essayons de sortir de nos cadres, de nos habitudes, pour aller nous confronter à notre réalité, à notre vérité, afin de comprendre ce qui nous arrive et ouvrir la porte à notre propre guérison.

La bioanalogie nous invite à sortir de ce qui est programmé pour devenir vraiment ce que nous sommes, et "ce que nous sommes", nul ne pourra l'être mieux que nous.

*Pour cela, nous n'avons pas besoin de trouver le sens de chaque chose, mais nous pouvons **nous appuyer sur la certitude absolue que chaque chose, chaque événement, a un sens.***

RÉALITÉ DE L'ANIMAL, RÉALITÉ DE L'HOMME

Fondamentalement, la réalité n'est pas vécue de la même façon par l'animal et par l'homme.

De tout temps, l'homme, dans sa quête intérieure – qu'il soit poète, penseur, philosophe ou mystique – a toujours cherché à vivre pleinement l'instant présent.

"Carpe diem...", "Cueillez dès aujourd'hui les roses de la vie...", "Ici et maintenant..." Le concept de plénitude dans le présent se retrouve dans toutes les traditions : c'est *l'homme dans le déploiement de sa conscience.*

Mais nous avons une origine biologique animale et notre cerveau est directement issu de notre appartenance aux différents règnes de l'évolution – minérale, végétale, animale et humaine.

Tout dans notre biologie – notre corps et toute la manifestation de la vie en nous – est d'abord animal. Notre cerveau biologique est animal et il s'exprime dans notre inconscient cellulaire[2].

L'ANIMAL

Toute existence animale se décline dans le futur.

En effet, la priorité de l'animal est *d'assurer la survie de l'espèce et toute son énergie est mobilisée pour transmettre la vie* quel qu'en soit le prix, ce qui peut le mener à sacrifier son existence individuelle au profit de la collectivité.

Ce phénomène est souvent observé chez les fourmis, les abeilles qui peuvent mourir par milliers pour sauvegarder leur reine, seule procréatrice de la communauté.

En tant qu'être humain, notre biologie – animale – se décline dans le futur, alors que la conscience se situe dans le présent.

Pour commencer, nous allons nous intéresser au fonctionnement de la biologie animale et à ses modes d'expression en chacun de nous pour voir ensuite comment il est possible de concilier cette existence inscrite dans le futur – animal – avec la quête de l'instant présent, propre à la conscience de l'homme.

LES TROIS POINTS FONDATEURS DE LA VIE ANIMALE

La survie animale dépend de trois paramètres :
- **territoire (T),**
- **alimentation (A),**
- **descendance (D).**

Ces trois paramètres sont indispensables à la survie de l'espèce – si un seul de ces paramètres est en échec, c'est la vie même qui est en échec. Ils sont indissociables (ni reliés, ni séparés mais indissociables).

---

[2] L'inconscient cellulaire dont nous parlons n'est pas l'inconscient qu'analysent les psychologues : il s'agit ici de notre inconscient biologique cellulaire animal comme nous le verrons plus loin.

En effet, si l'animal ne peut pas occuper et défendre son territoire, il n'aura pas de ressources alimentaires à sa disposition ; s'il ne peut pas s'alimenter, il mourra, sa descendance ne pourra pas être assurée et peu à peu son espèce sera condamnée à disparaître.

Dans tous les cas, c'est la mort.

Pour l'animal : T-A-D = VIE.

L'HOMME BIOLOGIQUE

Tout d'abord, faisons une petite expérience toute simple : je vous propose d'imaginer que vous êtes sur une plage, en plein soleil...

Il fait une chaleur écrasante et cela fait des heures que vous êtes en train de "cuire.".. Vous avez soif, très soif.

Puis quelqu'un arrive avec un verre de jus de citron bien frais, vous entendez les glaçons tinter contre le verre... Votre soif est de plus en plus criante.

Enfin, vous prenez le verre glacé, vous allez pouvoir déguster ce délicieux jus de citron...

Que se passe-t-il tout de suite dans votre bouche ?

Vous salivez...

Cet afflux de salive vient de l'action de votre cerveau biologique : il n'a pas fait la différence entre le réel et l'imaginaire et il prépare votre corps à recevoir la boisson promise.

Il y a ainsi une partie consciente en vous qui sait pertinemment que vous n'êtes pas sur une plage et que vous n'avez pas spécialement soif et votre **cerveau biologique** qui, lui, lit au 1er degré. En entendant cette histoire, il a provoqué la salivation qui exprime son attente de la boisson évoquée.

Notre cerveau biologique a une capacité d'analyse énorme, il est ultra performant pour faire des connexions entre des millions d'informations, mais il ***est incapable de discerner le réel, l'imaginaire, le virtuel et le symbolique*** : il n'a ni humour **ni**

25

imagination et il traite toutes les informations au 1ᵉʳ degré.

Ce fonctionnement spécifique de notre cerveau biologique a des conséquences insoupçonnées sur notre existence car tant que nous n'en prenons pas conscience, nous passons notre vie à interpréter chaque événement sans faire de différence, au niveau de notre inconscient cellulaire, entre le réel, le virtuel, le symbolique et l'imaginaire et toutes nos maladies proviennent de ces interprétations lorsqu'elles sont reliées à une perte en termes de territoire, d'alimentation ou de descendance.

La formule – clé de Claude SABBAH est : "pour le cerveau biologique, *Comme si = C'est.*"

T-A-D POUR L'HOMME

Nous sommes des êtres vivants dont la biologie est issue de l'animal et ces trois paramètres de la vie – T-A-D – sont inscrits dans notre cerveau biologique cellulaire inconscient.

Le territoire, l'alimentation et la descendance représentent pour nous, humains, des notions plus élargies que celles purement animales, mais *tout ce qui concerne notre vie est toujours relié à l'un de ces trois paramètres* que le cerveau biologique va lire dans toutes leurs tonalités possibles :

– **Le territoire**

Il s'agit, bien sûr, de notre espace physique, mais cette notion s'étend à tout ce qui concerne le cadre de vie en tant qu'endroits où nous sommes de même que la façon dont nous occupons, conservons, valorisons, défendons ce territoire.

C'est également la manière dont nous nous *situons* dans les relations de tout ordre, comment nous sommes "performants" ou non, la place que nous prenons dans notre famille, auprès de nos amis, dans notre vie professionnelle et dans notre vie en général.

En résumé, ce sont tous nos *espaces d'évolution.*

Nous avons tous une dimension "territoriale" et il est intéressant de voir en quoi nous l'avons particulièrement investie ou non, quels territoires nous nous sommes plus particulièrement appropriés, lesquels sont pour nous les plus importants.

– L'alimentation

"S'alimenter", c'est recevoir de la nourriture et la transformer, d'une part en nutriment, et d'autre part en excrément, c'est-à-dire faire le tri entre ce qui est "nourriture pour nous" et ce qui ne l'est pas.

C'est, tout d'abord, la nourriture – comment nous l'ingérons, l'assimilons, la trions, l'éliminons – mais également toutes les autres sortes de "nourritures", c'est-à-dire tout ce que la vie nous apporte : les enseignements, les rencontres, tous les événements et la façon dont nous les gérons, les acceptons ou non.

En un mot, cela concerne *nos relations* sous toutes leurs formes.

Remarquons que nous parlons beaucoup sous forme de langage alimentaire : "Ça, je ne le digère pas, je ne peux pas l'avaler, ça me reste sur l'estomac, etc (certaines de ces expressions sont très imagées, voire assez crues...) Nos différents modes de rapport à l'alimentation, sous toutes ses formes, sont aussi très révélateurs.

– La descendance

Cela concerne tout ce qui va assurer la survie de l'espèce, tout ce qui va prolonger notre identité au-delà de nous-même.

Biologiquement, ce sont nos enfants, mais c'est aussi tout ce que nous avons à "transmettre", tout ce qui "émerge" de nous.

Ce peut être l'entreprise ou l'association que nous gérons, les personnes dont nous avons à prendre soin, l'œuvre que nous laissons après nous, nos créations dans tous les domaines.

C'est en même temps le passage de l'intérêt individuel au bénéfice de la tribu : notre contribution à la survie de l'espèce, le passage du "je" au "nous", comment ce que nous sommes est au service de la vie.

C'est en fait tout ce qui peut nous donner l'illusion de nous perpétuer au-delà de notre propre disparition.

La descendance concerne tout ce que nous concevons et projetons.

STRESS ET CERVEAU ANIMAL

Pour le cerveau animal, rappelons-le, les trois paramètres T-A-D = VIE.

Tous nos stress sont liés à *l'interprétation de la perte* d'un de ces 3 paramètres. Il s'agit d'une réaction biologique (notons encore une fois que nous ne nous situons pas au niveau psychologique mais uniquement biologique).

Ce n'est pas nécessairement une perte réelle, une simple interprétation de perte a une incidence biologique parce que, nous l'avons dit, le cerveau travaille au 1er degré.

Nous sommes en état de stress lorsque notre cerveau interprète : "j'ai le risque de voir disparaître mon territoire ou mon alimentation ou ma descendance."

Si tous nos stress sont liés à l'interprétation d'une perte dans un de ces trois paramètres *donnant la vie, cela revient à dire qu'ils se relient tous à la peur de mourir.*

Lorsque nous n'avons aucun conflit, sans aucune peur liée à un de ces trois paramètres, nous sommes en paix. Nous nous sentons alors en parfaite adéquation avec nous-même et la vie, d'instant en instant.

Pourtant il faut bien admettre que rares sont ceux qui échappent totalement au stress... Nous pouvons même dire que, pour la plupart, nous éprouvons des stress de toutes sortes qui se résolvent plus ou moins facilement.

En voici quelques exemples :

– Stress lié au territoire :

Dans une période de difficultés financières, j'en suis au point de ne plus pouvoir payer les traites de ma maison or je n'ai plus droit à un crédit supplémentaire.

N'ayant pas de solution, je dois envisager de revendre cette maison, ce qui m'angoisse profondément, quand, au dernier moment, arrive une rentrée d'argent imprévue.

Mon problème est réglé et mon stress disparaît rapidement.

– Stress lié à la descendance :

Ma fille m'avait dit qu'elle rentrerait pour le dîner (vers 19 h 30) or, à 20 h, elle n'est pas là. Je suis un peu étonné et je commence à me poser des questions.

À 21 h, je suis inquiet. Je me demande ce qui peut la retarder ainsi et l'empêcher de me passer un coup de téléphone.

À 21 h 30, toujours sans nouvelles, je suis complètement stressé. J'imagine quantité de choses plus angoissantes les unes que les autres...

Enfin à 21 h 45, elle m'appelle et m'explique les raisons de ce contretemps, rien de grave en fait.

Je suis soulagé et, là encore, mon stress disparaît de lui-même.

– Stress lié à l'alimentation (relations) :

Au bureau, un collègue ne cesse pas de me critiquer et de dénigrer tout ce que je fais. Cela me touche beaucoup, j'en ai des brûlures d'estomac de plus en plus fréquentes...

Mais, au bout d'un certain temps, je parviens à *dépasser* ce stress en réalisant que c'est la problématique personnelle de ce collègue qui s'exprime de cette façon, pas la mienne... Je ne me sens plus concerné par son attitude et tout rentre dans l'ordre pour moi : je suis de nouveau en paix.

En réalité, il existe deux possibilités pour régler un stress :

– Soit nous trouvons – ou les événements apportent – une solution pratique qui élimine la source de stress (modification des paramètres) et cela ne nécessite pas une prise de conscience – nous ne faisons pas "le lien." Nous sommes en paix parce que la cause du stress a disparu d'elle-même.

- Soit, c'est le "dépassement du stress" qui, lui, implique une *prise de conscience.*

Dans ce cas, c'est en faisant le *lien* entre la problématique posée et son origine dans notre histoire que nous pouvons nous en libérer.

Cette prise de conscience nous permet en effet d'appréhender le sens des événements et de les vivre réellement plutôt que de continuer à les subir, inconsciemment.

STRESS INGÉRABLE

Dès que nous rencontrons un problème qui nous perturbe, notre pensée se met en éveil pour essayer de le résoudre et, le plus souvent, les choses rentrent dans l'ordre. Cependant, il arrive que nous n'ayons aucune solution face à certains événements et notre état de stress s'amplifie tellement que bientôt nous ne nous sentons plus en mesure de contrôler la situation.

Or, nous avons tous un seuil de tolérance maximum au stress et atteindre ce seuil signifie mourir.

Tout individu rencontrant une situation de stress, pour laquelle la pensée consciente ne lui fournit aucune solution, se trouve dans une situation ingérable, obsessionnelle et douloureuse : il se vit *"seul et sans solution."*

C'est alors que son stress devient *conflit.*

À partir de cet instant, le cerveau cellulaire inconscient prend le relais et il analyse la situation. Ayant déterminé le domaine auquel se relie ce conflit (T-A-D), il envoie des informations au corps afin de le résoudre au niveau des organes : le cerveau "biologise" le conflit.

Nos atteintes physiques sont la "répercussion" exacte de nos conflits au niveau de la pensée. Notre corps restitue l'intégralité du conflit existant que nous n'avons pas pu résoudre.

Toutes nos maladies sont la "biologisation" des conflits que nous n'avons pas pu résoudre consciemment.

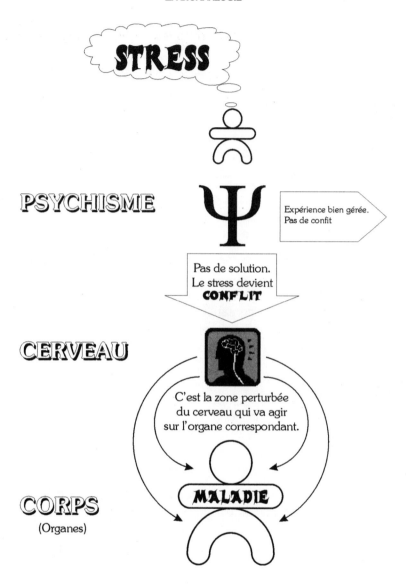

Schéma n°1 Du Stress au conflit, du conflit à la maladie.

LA MALADIE POUR SURVIVRE

La solution issue de cette intervention du cerveau est la maladie : *chaque maladie est la solution parfaite correspondant exactement au conflit en cours.*

UN EXEMPLE ISSU DE LA BIOLOGIE ANIMALE, CITÉ PAR C. SABBAH.

La vie animale se base sur un rapport de pouvoir, dominants /dominés, ce qui a un sens biologique pour la survie de l'espèce.

Le mouton, qui est un animal faible, serait en danger constant s'il vivait isolé : le principe du troupeau est alors de former une masse assez importante pour décourager les prédateurs. Mais il arrive que l'un d'eux s'éloigne suffisamment du troupeau pour se perdre. Se retrouvant seul, il est alors en danger de mort.

Lorsqu'il réalise qu'il est perdu, ce mouton se met à courir dans tous les sens pour retrouver son troupeau mais bientôt, ne sachant plus dans quelle direction aller, il tourne en rond et perd ses forces. S'il continue ainsi, il risque la mort par épuisement (ce qui ne serait pas la bonne solution...).

Ce stress est *ingérable* pour notre mouton qui se trouve *"seul et sans solution."* Son cerveau biologique prend alors le relais : pour sauver la vie de cet animal qui panique, il faut arrêter ses mouvements désordonnés et stériles.

Dans ce cas, la solution parfaite du cerveau est de nécroser sa corticosurrénale.

Pour schématiser, la corticosurrénale est une petite capsule qui se trouve sur le rein et qui *gère l'énergie vitale*. Si elle est nécrosée, l'information ne passe plus : le mouton ne peut plus utiliser son énergie en réserve, et il s'écroule...

Notons bien qu'il ne tombe pas parce qu'il n'a plus d'énergie : son cerveau, pour lui sauver la vie, provoque justement son effondrement *avant* qu'il ait épuisé tout son potentiel énergétique.

Il s'agit bien de la solution parfaite pour la survie de ce mouton.

Lorsque, le soir, le berger et ses chiens retrouvent le mouton, celui-ci paraît complètement amorphe, comme mort...

Mais à leur approche, l'inconscient du mouton reconnaît les odeurs familières. Relié à son troupeau par son flair, il n'est plus isolé et ne se sent donc plus en danger de mort. Il suffit que le berger remette l'animal sur ses pieds en le tenant sous le ventre, qu'il l'oriente dans la direction du troupeau en l'accompagnant sur quelques pas pour que celui-ci, après une légère crise de tremblements s'ébroue et reparte en pleine forme en gambadant vers ses congénères[3] !

Il a retrouvé sa famille, sa sécurité, et toute son énergie.

Cette solution parfaite est un mécanisme de survie.

Mais **la survie coûte cher**...

Vouloir sauver quelque chose peut occasionner beaucoup de dégâts : lorsque nous appelons les pompiers parce que le grenier de notre maison est en feu, les dégâts des eaux dans tous les étages à la suite de leur intervention pour éteindre ce feu sont souvent considérables...

Pourtant il *fallait* qu'ils interviennent sinon toute la maison aurait brûlé !

Sabine : conflit d'impuissance dans l'action.

Par sa fenêtre, Sabine voit un jour un jeune enfant escalader la rambarde du balcon de l'appartement situé juste en face du sien. Elle ne peut rien faire pour empêcher une chute imminente, n'ayant pas le temps matériel d'intervenir. Elle hurle, mais personne ne l'entend : elle est dans un conflit d'impuissance absolue lié au temps qui lui manque pour sauver l'enfant.

C'est un stress immense pour elle.

Pour le résoudre, il aurait fallu qu'elle soit plus "puissante dans l'action" (on pourrait nommer ce conflit, le "conflit de Superman.")

Dans notre biologie, c'est la glande thyroïde qui gère le temps et l'action : la solution parfaite du cerveau pour résoudre ce stress est d'hypertrophier la glande thyroïde (pour donner plus de puissance dans l'action).

Cet événement déclenche chez Sabine un nodule de la thyroïde.

---

[3] Lorsque le mouton retrouve son orientation, le cerveau envoie un flash de cortisol, ces tremblements sont dus à une crise épileptoïde qui nomme la réparation (Voir ch. 1).

Dans l'inconscient biologique cellulaire animal, c'est la meilleure solution possible du cerveau face à ce stress.

Conflit de maternage.

Suite à une promotion, Liliane est submergée par sa vie professionnelle. Elle doit faire passer son travail en priorité et a le sentiment de ne plus être suffisamment disponible pour son fils de 4 ans. Elle est très anxieuse à l'idée qu'il puisse en pâtir.

Son ressenti est "je ne lui donne pas assez" ce qui est traduit par le cerveau par : "je n'arrive plus à nourrir correctement mon enfant."

C'est un conflit de maternage et, biologiquement, une mère nourrit son enfant avec le sein.

La solution parfaite du cerveau a été d'hypertrophier la glande mammaire de Liliane afin qu'elle puisse "nourrir plus" son enfant, ce qui a généré une tumeur du sein.

Notons qu'une personne qui n'a pas d'enfant peut avoir une pathologie mammaire parce qu'elle sent une menace contre l'association qu'elle a créée – ou quoi que ce soit d'autre qu'elle considère comme sa "descendance" ou sa création – et qu'il faut "nourrir" plus.

Au départ, la maladie n'est pas là pour nous nuire mais nous permettre – solution parfaite du cerveau – de résoudre un conflit.

Si nous raisonnons en être conscient, c'est, bien sûr, absurde, mais c'est la solution du cerveau animal – au 1er degré – pour résoudre le stress en termes de survie biologique et non en termes de vie.

Lors d'un Congrès à Venise, le professeur Israël, éminent cancérologue, dont la réputation n'est plus à faire et dont l'humanisme et les compétences sont mondialement reconnus sur le plan international a déclaré qu'au sujet du cancer, les médecins et les chercheurs avaient fait fausse route et que, "...voyant le caractère implacable de cette maladie, j'en suis venu à penser que le hasard n'avait rien à voir avec elle, et que, en réalité, il s'agissait plutôt d'un véritable programme de survie. Les cellules cancéreuses se dotent d'un programme de survie...[4]"

Il est également intéressant de noter les propos de Michel Schiff[5], ancien chercheur au CNRS, qui a fait paraître récemment un livre intitulé *La Science aveugle*. Voici ce qu'il a déclaré au cours d'une interview accordée à un journaliste de Sciences et Avenir :

"Je constate que la science déraille lorsqu'elle est confrontée à des phénomènes n'entrant pas dans l'ordre. Je souhaite que l'on arrête de rejeter les choses qu'on ne comprend pas et qui vont à contre-courant. De plus, je plaide pour un rééquilibrage des modes de pensées scientifiques : plus d'intuition et moins de raison."

Puisse-t-il être entendu par la majorité !

Il est important que des sommités médicales ouvrent ce genre de débat : plus les scientifiques seront nombreux à changer de regard et à diffuser leurs différences d'interprétation, plus la possibilité d'un changement radical au niveau de l'approche de la maladie – et des soins – aura de chances de s'amorcer.

Il ne s'agit pas de rejeter systématiquement tout ce qui est en place – nous avons même à saluer les extraordinaires avancées de la science médicale – mais il me semble qu'il pourrait être profitable, de ne pas s'interdire de reconsidérer même ce qui semble le plus solidement établi et le fait que des scientifiques prennent la parole de plus en plus souvent dans ce sens est très encourageant.

Ceci posé, il faut laisser le temps à ce qui est "nouveau" de faire son chemin en chacun (souvenons-nous des problèmes de Galilée avec sa terre qui tourne !)

Un conflit de territoire pour illustrer :

Imaginons que j'habite une petite maison entourée d'un jardin.

---

[4] *Médecines Nouvelles* – été 2000.
[5] *Sciences et Avenir* -avril 2003.

Ma voisine, tous les matins, traverse mon jardin pour aller travailler ou faire ses courses et, le soir, elle repasse par le même chemin.

Comme elle est plutôt sympathique, je n'ose pas lui dire que cela me dérange... et pourtant cela me perturbe beaucoup. À mon sens, elle ne respecte pas mon jardin et, comme je ne me sens pas capable d'intervenir pour y remédier, *mon cerveau interprète que mon territoire est en danger.*

En termes d'inconscient biologique animal, si "mon territoire est en danger", je risque de le perdre : il faut qu'il trouve une solution pour faire diminuer ce stress.

Un animal urine tout autour de son territoire pour en marquer les limites et dans mon inconscient biologique, si mon territoire n'est pas respecté, cela signifie que je ne l'ai pas assez marqué.

Pour mon cerveau, cela implique que mon système urinaire n'est pas assez performant. Il en conclura que ma vessie n'est pas assez grande puisqu'elle ne contient pas assez d'urine pour que je puisse bien marquer les limites de mon territoire.

Une de ses solutions est de creuser l'intérieur de ma vessie, comme on creuse une pastèque : il ulcère la muqueuse interne de la vessie pour en agrandir la capacité qui à terme provoque une *cystite* (avoir une cystite traduit un conflit de marquage de territoire.)

Toutes les pathologies de l'arbre urinaire ont la même signification vécue avec plus ou moins d'intensité[6].

Imaginons maintenant que non seulement ma voisine passe sur mon terrain, mais aussi ses amis, lorsqu'ils viennent la voir. De plus, au passage, ils jettent des détritus sur le sol, garent leurs voitures sur ma pelouse et écrasent mes fleurs...

Comme je ne trouve toujours pas de solution pour faire respecter mon terrain, mon stress augmente de plus en plus et le conflit s'approfondit.

---

[6] Tous les conflits de marquage de territoire ne donnent pas systématiquement des symptômes de pathologie urinaire *mais toutes les pathologies urinaires ont trait à un conflit de marquage de territoire.*

Il peut alors atteindre plus sérieusement mon système urinaire et lorsque j'en arrive à me sentir complètement nié, anéanti ("Je ne suis rien"), mon cerveau biologique peut aller jusqu'à provoquer une hypertrophie du rein (tumeur) parce que plus mon rein sera gros plus cela me permettra de produire de l'urine.

Une tumeur du rein est l'expression d'un profond conflit d'anéantissement de soi[7].

L'animal marque son territoire avec son *u-rine*, *uriner* est l'anagramme de *ruiner*...

Quand je suis *ruiné*, je ne suis vraiment plus *rien*...

Les mots sont parfois étonnants !

C'EST L'INTERPRÉTATION QUI FAIT LA DIFFÉRENCE

L'interprétation d'un événement est la façon dont chacun vit ce qui lui arrive.

Prenons l'exemple de deux personnes ayant eu un accident de voiture dont elles se sortent sans blessure vraiment grave.

Pour la première, c'est un grand choc dont elle a beaucoup de mal à se remettre, elle traverse même une période de dépression durant laquelle elle n'ose plus du tout conduire alors que la seconde sort de la voiture en se disant qu'elle l'a échappé belle et se réjouit qu'il n'y ait que des dégâts matériels, puis elle reprend le cours de sa vie sans que l'accident laisse de trace notable en elle.

Elles ne vivront donc pas cet accident de la même façon et leur interprétation de l'événement étant complètement différente, il s'inscrira différemment en elles.

TOUS NOS SYMPTÔMES PHYSIQUES ONT UN SENS

Que nous souffrions de maux de ventre ou de dépression, toutes nos pathologies sont liées à notre biologie animale : la

---

[7] C'est le *rein* qui est à l'origine du système urinaire, et lorsque je suis *nié* je ne suis *rien*.

dépression, les crises d'angoisse, le mal-être en général, toutes ces maladies dites psychiques ou mentales ont une empreinte biologique.

La nécrose de la corticosurrénale dont nous avons parlé dans l'exemple du mouton perdu est, en pathologie humaine, un aspect de la psychose maniaco-dépressive. Cette maladie est en effet le transféré psychologique de la biologie animale – syndrome du "mouton perdu" –, et, sans être allé jusqu'à la psychose maniaco-dépressive proprement dite, nombreux sont ceux qui ont déjà ressenti cet état de fatigue qui semble insurmontable et vécu de ces moments où nous sentant sans énergie et sans tonus, nous nous traînons lamentablement sans savoir pourquoi.

Cette immense fatigue est la solution d'un conflit de perte d'orientation : nous ne savons plus dans quelle direction aller et, pour que nous n'épuisions pas inutilement notre capital énergétique en allant dans toutes les directions, notre cerveau nous "coupe les jambes."

Il est alors conseillé de prendre le temps de reconsidérer l'orientation que nous avons à ce moment-là : est-ce bien dans cette direction que nous souhaitons profondément aller ? Sommes-nous sûrs d'être sur notre voie ?

C'est souvent le cas d'adolescents qui ne savent pas très bien quoi faire de leur vie, ils se retrouvent sans énergie, sans allant. S'ils se trouvent des repères, des objectifs vers lesquels tendre, ils retrouvent en même temps la grande forme et le changement est aussi complet qu'immédiat.

LA MALADIE UTILE

Face à une maladie, quelle qu'elle soit, la question à se poser est : "quelle est l'*utilité biologique* de cette pathologie ?"

Le mot "utilité" associé à la maladie peut étonner mais, aussi paradoxal que cela paraisse, il s'agit bien d'utilité : nous parlons ici en terme d'inconscient biologique.

Consciemment, il n'y a, bien sûr, aucune utilité à être malade et la guérison est précisément de passer de l'inconscient biologique à la conscience de l'humain pour résoudre réellement un conflit.

En effet, si nous comprenons quel conflit est en cause et que nous "faisons le lien", comme nous l'avons vu précédemment, notre cerveau biologique n'aura plus de raison d'intervenir à sa façon.

Mais sans cette prise de conscience du sens de la maladie, notre cerveau biologique reste "aux commandes", avec les modes d'action dont il dispose.

LES MODES D'ACTION DU CERVEAU

En phase de stress, pour résoudre un conflit, le cerveau biologique a deux possibilités d'action, *dans l'espace et dans le temps.*
- Dans l'*espace* :
    - creuser (ulcères, nécroses...),
    - produire de la masse en créant de la matière (nodules, tumeurs...)
- Dans le *temps* :
    - élever ou accélérer la production d'hormones, les rythmes cardiaques, ou énergétiques... (hypertension artérielle, tachycardies, etc.),
    - abaisser ou ralentir ces activités (hypoglycémie, déficit hormonal...)

Quatre fonctionnements du cerveau

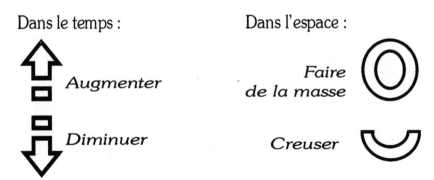

Dans le temps : Augmenter Diminuer

Dans l'espace : Faire de la masse Creuser

Schéma n° 2 - Deux actions, quatre fonctionnements

Les modes d'intervention de notre cerveau biologique animal sont *très précis en fonction du stress ressenti.*

Nous avons évoqué précédemment le cas de Liliane qui, craignant de ne pas assez "nourrir" son enfant a développé une tumeur à la glande mammaire (production de masse).

Dans le cas d'une femme qui souhaite "nourrir" plus son enfant mais qui en est empêchée parce qu'il se trouve *trop loin d'elle* pour qu'elle puisse le faire, le cerveau a une action différente : il creuse (il va creuser les canaux galactophores.)

Nicole : conflit de maternage.
Le fils de Nicole se trouvait en difficulté alors qu'ils habitaient à 500 km l'un de l'autre. Elle aurait aimé pouvoir le rejoindre pour lui apporter son soutien, mais elle était retenue par ses obligations professionnelles. Le jeune homme allait vraiment très mal et elle ne pouvait pas aller l'aider, en d'autres termes, elle ne pouvait pas "l'atteindre pour lui donner ce qu'elle avait pour lui en tant que mère."
Pour résoudre ce stress, son cerveau biologique a creusé les canaux galactophores qui apportent le lait au mamelon (ulcération des canaux galactophores).
En effet, pour lui, creuser permet de se rapprocher – de réduire l'espace – pour établir plus facilement le contact et c'est bien ce que souhaitait Nicole vis-à-vis de son fils.

Viviane : faire accélérer le temps.
Viviane a des crises de tachycardie aiguës lorsqu'elle prend l'avion parce qu'elle est en état de stress : pour son cerveau, accélérer le rythme cardiaque (augmenter le nombre de pulsations / minute) revient à accélérer le temps en réponse au conflit : "il faut que le temps passe plus vite" ? ou "vivement qu'on arrive..." ou "il y a un danger, il va falloir se défendre."

René : "tenir le coup, coûte que coûte."
Se retrouvant en situation de chômage, René a dû accepter de travailler dans un abattoir pour faire subsister sa famille. Ce travail est extrêmement pénible, il ne supporte plus de voir ces animaux venir à l'abattoir pour se faire tuer. Mais il ne se donne pas le droit de quitter ce travail. Au cours des quelques mois où il s'oblige à aller tous les matins dans ce qui pour lui est "un enfer", il déclare un diabète.

En effet, pour augmenter la résistance face à une situation que l'on repousse, et dans laquelle il faut absolument résister ("tenir le coup"), la solution du cerveau biologique est d'augmenter le taux de sucre dans le sang.

À l'inverse, s'il faut "fuir" quelque chose qui répugne trop, le cerveau diminue ce taux de sucre dans le sang.

Jean-Dominique : fuir une situation insupportable.
À 5 ans, Jean-Dominique a été fortement marqué par la vision de sa mère allongée sur son lit dans un véritable bain de sang à la suite d'hémorragies.
Depuis, la vue du sang lui est intolérable et s'il se trouve dans une situation qui lui impose cette vision, son cerveau provoque une crise d'hypoglycémie – avec évanouissement – ce qui permet à Jean-Dominique d'échapper à cette image.

LE CERVEAU SAIT AUSSI RÉPARER

Dès que la menace prend fin, le cerveau biologique envoie au corps un ordre de réparation (phase de vagotonie) *qui correspond exactement au mécanisme inverse de la phase de maladie* (phase de sympathicotonie) : là où il "creusait", il répare en "créant de la masse" et, inversement, s'il avait provoqué une "formation de masse", il "creuse." De même pour les "abaissements" ou les "augmentations" des différents taux et rythmes.

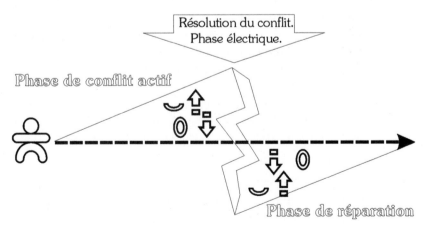

Schéma n°3 - La réparation

Cela implique qu'à certains moments, *avec les mêmes symptômes, on se trouve dans une phase de réparation et non plus dans une phase de maladie.*

Toute la difficulté, face à ces symptômes similaires, sera de faire la différence entre les personnes qui sont en *phase active de conflit* (sympathicotonie) et celles qui sont en *phase de réparation* (vagotonie).

Pour cela, il faut bien analyser la situation présente pour déterminer si nous sommes en phase de stress – de survie – ou si nous avons vécu, dans un passé plus ou moins lointain, un stress qui a trouvé une solution, ce qui signifie que nous nous trouvons désormais dans une phase de réparation.

René : phase d'hypoglycémie suite à du diabète.

Souvenons-nous de René ayant eu un accès de diabète en s'imposant un travail qui lui répugnait dans des abattoirs.

Dès qu'il a pu, il a changé d'emploi pour s'intégrer dans une structure professionnelle lui convenant beaucoup mieux. Mais il a connu une période d'hypoglycémie de quelques semaines avant que tout revienne à la normale en un rééquilibrage naturel.

Au sujet de la réparation, il est important de noter que :
–   Il y a toujours une phase d'inertie entre la phase de conflit actif et la phase de réparation. Ce phénomène est comparable à celui qui a lieu lorsqu'un paquebot lancé en vitesse de croisière doit soudain faire "machine arrière" : plusieurs kilomètres (ou miles) lui seront nécessaires pour que son mouvement s'inverse réellement.
–   Pour basculer d'une phase à l'autre, le cerveau doit envoyer une impulsion électrique d'une grande puissance. Cette impulsion peut occasionner des frissons, des tremblements voire des symptômes de type épileptoïde qui signent la phase de réparation (cf. le mouton).

Par analogie, on peut penser à une voiture qui n'a pas roulé depuis longtemps et qu'une batterie de 12 V ne suffira pas à relancer alors qu'une décharge de 24 V, en la "boostant", lui permettra de se "dégripper."

L'ÉNERGIE POUR RÉPARER

D'après le schéma suivant, n°4, si nous considérons que notre vie se déroule normalement suivant une ligne horizontale, nous constatons que lorsque nous sommes dans une phase de stress, nous consommons de l'énergie pour survivre. Comme nous l'avons vu, le cerveau gère le stress par un des quatre fonctionnements qu'il connaît. Cette consommation d'énergie a un seuil limite propre aux réserves de chacun.

Si le stress est résolu, le cerveau donne alors l'ordre de réparation. Cette phase de réparation, elle aussi, consomme de l'énergie, et a un seuil limite.

L'espace compris entre ces deux seuils détermine notre énergie vitale, propre à chacun de nous.

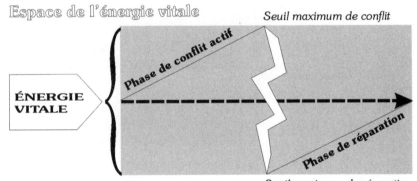

Schéma n°4 - L'Énergie vitale.

Mais il faut savoir que cette énergie est aussi durement mise à contribution en phase de réparation qu'en phase de stress. Ce qui implique que si nous n'avons pas assez d'énergie, autant pour lutter contre le stress que pour réparer ensuite, nous atteignons un seuil limite qui n'est autre que la mort.

C'est ainsi que certaines personnes meurent alors qu'elles étaient paradoxalement en train de guérir, leur réserve d'énergie vitale n'ayant pas été suffisante pour dépasser cette phase de réparation.

LA RÉPARATION N'EST PAS LA GUÉRISON

La guérison n'est effective que lorsque le programme – notion que nous allons développer – n'est plus actif, ce qui nécessite une *prise de conscience.*

Nous l'avons déjà dit, la prise de conscience est la compréhension du *lien entre le conflit et la pathologie* qu'il exprime. Le cerveau peut en effet réparer une atteinte pathologique parce que le stress en cause a trouvé une solution pratique, mais s'il n'y a pas eu prise de conscience, elle réapparaîtra dès qu'un stress de même tonalité se présentera. Pour que la guérison soit réelle, il faut passer par la conscience, en d'autres termes, *s'il n'y a pas de prise de conscience, il n'y a aucune raison de guérir.*

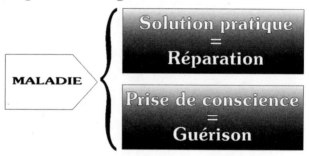

Schéma n°5 - Réparation ou guérison ?

BIOLOGIQUEMENT, RIEN N'EST IRRÉVERSIBLE

Toute atteinte pathologique au niveau des organes est biologiquement "réparable."

Ce que le cerveau sait faire dans un sens, il sait le faire dans l'autre. Il est très important de comprendre que le cerveau sait travailler dans les deux sens.

Denise : oublier la maladie...

Denise, atteinte d'une grave maladie, a annoncé au premier abord, qu'elle voulait surtout "oublier la maladie."

*Or, c'est le moyen le plus sûr pour ne pas guérir... En effet, **le premier pas vers la guérison est de reconnaître la maladie.***

Denise en était arrivée à ce vœu parce qu'on l'avait déjà programmée pour le pire en lui annonçant brutalement que sa maladie était incurable. Cette affirmation face à un malade entraîne immanquablement ce que l'on nomme un "conflit de diagnostic."

Désormais, pour Denise, la seule façon de gérer la situation était de fuir. Mais, le problème est qu'en fuyant, elle entrait justement dans son programme premier qui était : "la seule chose à faire est fuir."

Elle fuyait... vers la mort.

Répétons-le : si le cerveau est capable d'agir dans un sens, il est capable d'agir dans le sens contraire. Il est fondamental d'avoir la certitude que c'est possible.

D'autre part, retenons que la peur de la maladie, si elle est obsessionnelle, devient un facteur de maladie : face à ce stress, la solution du cerveau – travaillant toujours au 1er degré – est d'attirer la maladie qui nous fait si peur pour faire cesser cette situation. Il soigne l'angoisse en créant la maladie ce qui est bien une solution parfaite puisque, une fois malade, nous ne redoutons plus de l'être... Et cela vaut également pour tout ce qui nous "fait le plus peur" : notre cerveau nous met dans la situation qui nous fait le plus trembler... pour que nous cessions justement de la redouter.

Comme nous le verrons, nous avons toujours la possibilité, en tant qu'êtres humains, de gérer ces peurs d'une autre façon, c'est-à-dire, encore une fois, en accédant à la conscience.

En effet, *la peur est issue de l'interprétation animale, alors que la conscience est le propre de l'homme.*

Ne vaut-il pas mieux reconnaître nos peurs, quelles qu'elles soient, afin de les transformer consciemment pour laisser la vie se déployer en cessant de craindre – donc d'attirer – constamment le pire ?

Une réparation aux conséquences étonnantes :

À la fin de la seconde guerre mondiale, Hubert s'était retrouvé devant un peloton d'exécution. À cette période, les jugements étaient plutôt expéditifs pour peu que l'on soit soupçonné de traîtrise ou de collaboration avec l'ennemi.

*Il est facile d'imaginer que cette situation génère immédiatement un **stress maximum de survie** : nous sommes dans le domaine du vital.*

Pour situer ce conflit biologique, rappelons brièvement que la vie a commencé dans l'eau. Schématiquement, la vie a commencé par un échange entre le feu et l'eau (s'il n'y a pas d'échange, il n'y a pas de vie) : l'eau et la lumière (UV du soleil) en entrant en contact, par un mouvement de percussion, ont donné naissance à des membranes. C'est le feu du ciel qui ensemence la terre.

Les premières cellules de vie sont donc des membranes et la partie la plus vitale de notre organisme sont les alvéoles pulmonaires : si nous n'avions pas ces alvéoles, il ne nous servirait à rien d'avoir des bronches, un cœur, des os, etc.

Toujours très schématiquement, les poumons sont un ensemble de "tuyaux" de plus en plus fins qui aboutissent aux alvéoles. Celles-ci permettent à l'oxygène qui est dans l'air, de passer dans le sang et au gaz carbonique qui est dans le sang, de repasser dans l'air.

Une personne qui "voit la mort en face" prend instinctivement une très grande inspiration. Il arrive alors qu'il y ait une mise en route – instantanée, dans un stress aussi fort – du processus biologique qui "crée de la masse", pour hypertrophier les alvéoles pulmonaires parce que dans l'inconscient cellulaire cette hypertrophie augmente les chances de survie.

*Hubert n'a pas été exécuté parce qu'au dernier moment quelqu'un est intervenu pour témoigner en sa faveur. Épargné in extremis, il avait cependant vu la mort en face et **son cerveau biologique était entré en action immédiate.***

Comme son cerveau avait hypertrophié les alvéoles pulmonaires de Hubert et qu'il fallait réparer puisque le stress avait disparu, il a donné l'ordre de creuser pour réparer : il

46

agit dans ce cas exactement comme un chirurgien pour éliminer ces cellules qui une fois le stress terminé, se retrouvent en trop (la nature est d'une perfection absolue.).

Mais l'action de ce petit chirurgien naturel creusant dans la masse désormais inutile à l'organisme provoque l'apparition de déchets sanglants qui doivent être éliminés et expulsés des poumons, ce qui se traduit par le besoin de cracher et lorsqu'une personne crache du sang, on l'envoie faire des examens.

Le radiologue constate alors qu'il y a des cavernes dans les poumons et une analyse des crachats met à jour la présence de bacilles de Koch (BK), agent pathogène de la tuberculose.

Rappelons qu'à cette époque, la tuberculose était synonyme de mort, et Hubert, qui était en fait en train de guérir de sa peur de la mort en réparant les symptômes qu'elle a provoqués, a ainsi appris par le médecin qu'il était de nouveau en danger de mort.

Et le processus biologique de survie a été immédiatement ré-enclenché (conflit du diagnostic).

Autrefois, les personnes qui avaient la tuberculose étaient envoyées dans des sanatoriums pour qu'elles se reposent et, de fait, cela améliorait leur état. Mais si on avait pu leur expliquer que la présence du bacille de Koch indiquait qu'ils avaient récemment subi un énorme stress face à la mort et qu'il était là pour en réparer les effets, il aurait peut-être été possible – en leur faisant raconter cet événement pour faire le lien – de dédramatiser la situation, leur évitant ainsi de subir les effets d'un second stress identique : "je vois la mort en face."

Et il est évident qu'après la guerre, les personnes ayant rencontré ce stress étaient nombreuses, ce qui explique l'épidémie de tuberculose qui a eu lieu dans les mois qui ont suivi. De même, la recrudescence de tuberculose dans le monde n'est sans doute pas un hasard. Elle concerne en effet essentiellement des populations vivant dans des pays où sévissent des conditions extrêmes et qui, pour une raison ou une autre (famine, guerre, etc.), sont confrontées à la mort en permanence.

LES MALADIES CONTAGIEUSES

Il peut être troublant de constater que les personnes qui se sont occupées de malades atteints par la tuberculose ne l'ont pas automatiquement contractée. De même, Raoul Follereau, qui a soigné des lépreux toute sa vie, n'a jamais été contaminé. Ces deux maladies sont pourtant parmi les plus contagieuses.

L'explication de cette discrimination face aux maladies est que tout le monde n'a pas – fort heureusement – les programmes qui correspondent à chaque pathologie.

En l'occurrence, il fallait avoir le programme de la tuberculose ou de la lèpre pour que, à la rencontre d'un facteur déclenchant, ces maladies puissent se développer.

On prête à Pasteur, à la fin de sa vie consacrée à l'étude des maladies, cette phrase : "Le virus n'est rien, seul le terrain compte."

Dans notre propos, nous nous permettrons de substituer "programme" à "terrain."

À CHAQUE CERVEAU SA RÉACTION

Notre cerveau biologique entrant en action en fonction de notre ressenti et de son interprétation, nous ne réagissons pas tous de la même façon face à une situation donnée.

Un voyage mouvementé :

Imaginons une cinquantaine de personnes, inscrites à un voyage organisé en car. Dans ce groupe, se trouvent un couple de jeunes mariés en voyage de noces, un couple d'une quarantaine d'années qui a longuement économisé pour s'offrir ce plaisir, des retraités, des personnes passionnées par la découverte d'autres cultures, un chef d'entreprise surmené qui a décidé de faire un break, une jeune femme récemment divorcée qui part loin pour soigner sa dépression, un scénariste en mal d'inspiration, etc.

Au cours de ce périple, ils sont soudain confrontés à une alerte à la bombe (ou à une prise d'otages)...

Chacun exprime alors son conflit de façons totalement différentes.

Face à un événement, quel qu'il soit, on peut, en effet, observer des réactions complètement à l'opposé les unes des autres : les uns se voient condamnés dès l'annonce du problème, alors que les autres n'ont pas envie de baisser les bras. Certains, horrifiés, s'évanouissent dès l'arrivée des terroristes. D'autres seront scandalisés par l'incompétence des autorités à régler le problème.

L'un pensera douloureusement à ses enfants qu'il n'est pas sûr de revoir – ou sûr de ne pas revoir –, la suivante, à sa mère qui est âgée et qui ne se remettrait pas de la perdre. Le cadre surmené pensera d'abord au travail qu'il ne pourra pas reprendre à temps. Le jeune marié reprochera à sa compagne d'avoir insisté pour ce voyage-là, alors que lui avait choisi autre chose (et elle se sentira coupable de l'avoir entraîné dans ce traquenard...)

Quant au scénariste, pourquoi pas, il se réjouira de l'aventure qui va renouveler sa créativité...

Toutes les tonalités sont possibles comme dans les films catastrophes !

Ceci pour dire que la situation en soi n'a pas d'importance, seule son interprétation est porteuse de sens.

Et ces réactions, très variées, vont générer des conflits de peur face au danger – voire à la mort –, d'humiliation, de rejet, de colère, de dépossession, de trahison, de "souillure", de dévalorisation, de perte de territoire, de séparation, une vision d'horreur, etc., qui pourront provoquer des symptômes de pathologies également très différents.

Quelques exemples

Admettons que ces événements engendrent :
– Des disputes : au cours de disputes, on crie et on expulse l'air, au niveau des bronches.
C'est ce que fait un taureau lorsqu'il souffle dans l'arène : dans les bronches se trouve notre réserve d'oxygène, d'air vital. Cette réserve nous permet de survivre en cas d'apnée, c'est *notre espace vital*.

Dans les conflits humains liés au territoire, les disputes mobilisent cet espace vital, ce qui peut se traduire par une bronchite.

– Une notion de "salissure", de souillure : on éprouve le besoin de se protéger. Il peut alors se produire une augmentation de la mélanine, au niveau de la peau, dans un but de protection (carcinomes, cancers de la peau).

– Une notion de trahison : l'idée de trahison se relie à ce qui se passe "dans notre dos." C'est un facteur déclenchant d'attitudes paranoïaques : l'impression permanente que les autres racontent ou complotent contre nous.

– Une notion de perte, de séparation : le cerveau creuse la peau pour "retrouver le contact", ce sont alors des problèmes de peau du type eczéma ou psoriasis. Les problèmes d'allergie sont également liés à des mémoires de séparation.

– Une notion de non-respect de territoire : comme nous l'avons vu, c'est le système urinaire qui exprime ce conflit (cystite, infection urinaire).

– Une notion de perte de territoire : c'est le système cardio-vasculaire qui gère cette notion territoriale, il peut donc s'ensuivre des problèmes cardiaques de type infarctus.

– Une vision d'horreur qui s'imprime dans l'être, qui le laisse "figé sur place", "scotché" (comme dans les dessins animés où le personnage a les yeux qui lui sortent de la tête...) Il y a alors un risque de décollement de la rétine[8].

LES PROGRAMMES

Pourquoi avons-nous des réactions différentes, des interprétations aussi variées ?

Tout simplement parce que nous sommes uniques : nul n'a la même histoire, le même vécu, les mêmes parents, le même arbre généalogique.

---

[8] Il n'y a pas de liste exhaustive de relation entre un événement et sa conséquence parce que nous sommes tous uniques et différents. Tout est lié à l'histoire de chacun, à son interprétation personnelle de l'événement et, comme nous allons le voir, à son programme.

Les programmes sont différents pour chacun et ce sont eux qui entrent en jeu dans nos réactions face aux événements.

POSSIBLE, IMPOSSIBLE, LE MODE BINAIRE

Dans un ordinateur, un programme de traitement de texte, nous permet de taper un texte et, une fois le texte *restitué par l'ordinateur*, il est *possible* de changer les polices de caractère, la taille des lettres et mettre son texte en forme, etc.

Si nous tapons ensuite 1 + 1 = ? à partir de ce même traitement de texte, nous n'aurons aucune réponse. C'est pourtant assez simple, *mais si l'ordinateur n'a pas le programme qui correspond, fournir une réponse lui est impossible.*

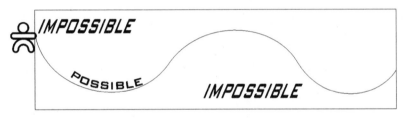

Schéma n°6 - Possible impossible

Nous fonctionnons exactement de la même manière : *nous chargeons en nous des programmes qui nous permettent de lire la vie d'une certaine façon et nous ne savons la lire qu'à travers ces programmes-là.*

À partir de l'histoire de la voisine qui traverse mon terrain, je ferai toutes les pathologies possibles de l'arbre urinaire tandis que quelqu'un d'autre sera ravi de voir du monde – il vit seul et adore rencontrer des gens – parce que nous n'aurons pas les mêmes programmes en nous. Nous ne réagirons donc pas du tout de la même façon au même "signal", à la même information. Ce qui est insupportable pour certains, peut être très agréable, voire indispensable pour d'autres.

Si j'ai un programme de conflit lié au territoire, tant que personne ne traverse mon jardin, je n'ai pas de maladie, mais le programme reste là, non résolu, et quelque chose d'autre le déclenchera tôt ou tard.

UN PROGRAMME QUI NE S'ANNULE PAS

Nous ne pouvons pas annuler ces programmes : comme nous le verrons, ils sont le fondement même de notre être, il n'y a pas à chercher de technique pour "régler le problème", il n'y a pas non plus à "reprogrammer" différemment. Le programme est là et nous ne pouvons pas revenir en arrière.

"Un programme ne s'annule pas, il s'utilise."

Nous verrons plus tard que nous pouvons nous en libérer en changeant notre façon de les vivre et apprendre à en utiliser les potentiels.

ÉCOUTER SA PROFONDEUR POUR OUVRIR LA PORTE À LA GUÉRISON

Un thérapeute peut aider son patient à trouver du sens, mais la guérison appartient au malade.

Encore une fois, tout ceci ne passe pas par une "technique."

Il faut simplement commencer par accepter de reconnaître ce que nous ressentons et oser le dire, oser laisser l'émotion s'exprimer. Écouter notre profondeur, prendre l'habitude de nommer ce que nous ressentons : *"Moi, je ressens cela."*

Ce n'est pas "on", c'est "moi" et ce n'est pas "ridicule."

Mais, s'il ne faut pas fuir l'émotion qui s'exprime, *il ne s'agit pas pour autant de s'ancrer dans cette émotion*, ce qui la renforcerait au niveau du cerveau : l'exprimer ne signifie pas la "cultiver."

Nous verrons bientôt que nous avons à dépasser l'émotionnel pour entrer dans la structure de notre être profond.

C'est cependant la capacité – ou le refus – de chacun à entrer dans ce qui le touche au plus profond de lui-même qui fait la différence dans cette démarche de guérison. Il est, bien sûr, possible de choisir de rester à distance de sa profondeur, mais il peut être important de réaliser que la guérison passe par la reconnaissance de ce que nous sommes, essentiellement.

Et ceci s'adresse à tous et à toutes, quels que soient sa problématique et son âge, parce que, répétons-le, rien n'est jamais irréversible, et tant que nous sommes vivants, c'est qu'il y a quelque chose à faire...

Un talon qui se creuse.

Adrien a plus de 80 ans et il est venu me consulter parce que son talon gauche était complètement "emporté", creusé, au point qu'on voyait l'os du talon (le calcanéum).

Cela faisait six mois qu'il souffrait ainsi. Il avait des soins infirmiers, matin et soir, mais son talon continuait de se creuser.

Son médecin avait pris un rendez-vous chez un chirurgien pour envisager une greffe.

Nous avons vu que tout symptôme, est utile pour la survie. Dans ce cas, il faut trouver l'utilité qu'il y a à "creuser le talon gauche."

Pour le cerveau biologique :

- le talon représente une mise en mouvement, donc un projet, c'est "ce sur quoi nous nous appuyons pour aller vers quelque chose", la base d'un départ vers... ;

- l'action de creuser sert à retrouver le contact ;

- le côté gauche touche plutôt le domaine affectif.

Adrien n'arrivait plus à trouver le contact avec la terre.

Je lui demande s'il s'est passé quelque chose 6 mois auparavant qui ait pu provoquer en lui ce sentiment de perte de base, sur le plan affectif (à gauche).

Il me dit, les larmes aux yeux : "Je vous remercie, j'ai compris... J'ai perdu ma femme, il y a six mois."

Le lendemain, sa fille m'a appelé au téléphone pour me dire que la plaie était en train de bourgeonner et huit jours plus tard, le talon d'Adrien avait cicatrisé.

Ceci pour dire, encore une fois, que si nous prenons conscience du sens de notre histoire, nous pouvons en changer le cours : le stress d'Adrien concernait la perte de ses bases affectives, il n'avait plus rien sur quoi s'appuyer depuis le décès de sa femme. *C'est la mise à conscience et l'acceptation de son ressenti* qui l'a aidé à guérir.

Aujourd'hui, il n'a pas oublié sa femme, mais il en a fait le deuil et, comme il l'a accepté, son cerveau biologique n'a plus à intervenir.

Il lui a suffi de prendre conscience pour guérir. C'est tout simple et c'est à la portée de chacun...

Il y a une solution à la maladie, quand on trouve son sens.

Encore une fois, le thérapeute ne guérit pas la maladie, il guide le patient en lui fournissant certaines clés de compréhension pour le mener à une prise de conscience.

La première prise de conscience passe par la décision de déceler les programmes qui sont inscrits en nous, afin de cesser d'agir comme des ordinateurs.

Nous verrons en effet que tout programme conduit à un but, à une fin – à quelque chose de "fini", c'est-à-dire à la mort.

Et si nous commencions par perdre l'habitude de mourir ?

LE FACTEUR DÉCLENCHANT

Nous n'activons pas forcément les programmes que nous chargeons : il faut *qu'un événement de même tonalité* vienne le mettre en action : le *facteur déclenchant*. Les maladies n'apparaissent que parce que nous rencontrons ce facteur déclenchant au cours de notre existence.

Issu d'un événement que le cerveau biologique relit dans la même tonalité que le programme enregistré, *le facteur déclenchant ne crée pas la maladie* : il lui permet seulement de se développer parce que le programme correspondant à ce conflit est inscrit dans nos cellules.

Cela explique que des personnes d'une même fratrie, – en particulier des jumeaux qui ont chargé un programme pratiquement similaire – ne le déclencheront pas forcément de la même manière ou au même moment parce qu'ils n'auront pas le même vécu.

Comme nous le verrons au prochain chapitre, nous chargeons ces programmes à un moment très précis.

Résumé

La biologie est issue de la mémoire animale et sa fonction première est d'assurer la survie de l'espèce.

La survie dépend des trois paramètres essentiels qui sont indissociables, (ni reliés, ni séparés mais indissociables) :
- territoire (T),
- alimentation (A),
- descendance (D).

Ces trois paramètres (T-A-D) assurent la vie biologique : il n'y a pas de vie sans ces trois paramètres.

Notre cerveau biologique est un ordinateur très puissant, mais il travaille au 1er degré (cf. le jus de citron) : il ne fait pas la différence entre le réel, le virtuel, le symbolique et l'imaginaire.

Pour lui : "COMME SI = C'EST."

Notre cerveau biologique cellulaire ne connaît que le mode binaire :

possible/impossible.

Tous nos stress sont *l'interprétation* d'une perte dans un de ces trois paramètres (T- A-D).

Lorsqu'on est SEUL et SANS SOLUTION, le stress devient *conflit*.

Le cerveau biologise le conflit : il envoie l'information au corps pour résoudre le conflit au niveau des organes.

La solution sera la maladie, *"solution parfaite"* correspondant exactement au conflit en cours.

Les deux actions possibles du cerveau sont :

1. Dans l'espace :
   - Creuser.
   - Faire de la masse.

2. Dans le temps :
   - augmenter les rythmes et les taux.
   - abaisser les rythmes et les taux.

Le cerveau sait réparer : ce que le cerveau sait faire, il sait le défaire (s'il n'y a pas eu d'intervention extérieure type accident ou chirurgie...)

Toutes *nos maladies* ont pour origine *un programme* enregistré dans nos cellules et un *facteur déclenchant*, de même tonalité que ce programme, qui l'a activé à un moment de notre existence.

Nos programmes sont tous différents parce que nous avons tous une histoire différente.

Ce sont eux qui s'expriment à travers le ressenti et l'interprétation que nous avons des divers événements de notre vie.

CHAPITRE 2

L'Empreinte

L'ENCRE ET LE BUVARD

Il est un *instant essentiel* dans notre vie : celui de *notre conception.*

C'est un instant unique, incomparable.

À cet instant précis, *commence notre identité.*

Le mot "conception" a la même racine que le mot "capter,"[9] et cette notion de captation liée à la conception est très importante.

LA MAGIE DE LA VIE

Un grain de blé, qui est mis en terre, germe et se transforme en épi de blé. Cet épi donne à son tour de nouveaux grains de blé qui se transformeront eux-mêmes en épis de blé...

N'y a-t-il pas de la magie dans ce processus ?

Une graine minuscule est capable de *capter la totalité des énergies de la vie* pour se transformer en épi de blé et son potentiel de déploiement est infini !

De même, lorsque nous allons au spectacle, ne pouvons-nous pas nous demander si la véritable magie se situe à l'instant où l'artiste fait sortir un lapin de son chapeau d'un coup de baguette

---

[9] *Dictionnaire étymologique Robert.*

magique... ou à celui où ce lapin, de retour dans sa cage, transforme d'un coup de dents, une carotte... en lapin ?!

Ces remarques peuvent sembler légères et elles le sont sans doute dans leur forme... Pourtant qu'y a-t-il de plus extraordinaire que la magie de la vie ?

Les Indiens appellent cela la *"Lilha de Dieu"* : c'est le jeu de la vie, la magie ou... "l'âme agit."

Ni plante, ni animal – mais issus de l'un et de l'autre – nous avons, nous aussi, à devenir "magiciens" de notre propre existence en captant toutes les énergies de la vie pour les transformer en nous-même. Et chacun de nous est l'expert – sans aucun rival – pour réaliser cela parce que nous sommes, tous, individuellement *uniques et singuliers*.

Nous sommes uniques parce que "l'instant T" que nous incarnons – l'instant de notre conception – est un moment unique et incomparable : il n'a jamais eu lieu auparavant et ne se reproduira jamais.

LE TEMPS ET L'ESPACE

À l'instant précis de notre conception – (instant T), au moment où le spermatozoïde rencontre l'ovule, "notre" temps personnel commence[10].

En effet, le temps n'existe que dans le relatif : c'est une interprétation humaine de l'absolu. Chaque instant n'existe que par rapport à un autre instant et c'est cette juxtaposition, d'instant en instant, qui crée l'espace.

L'espace est une *dilatation du temps*.

Ils sont indissociables et pourtant le temps, relativement, préexiste à l'espace.

L'apparition du temps qui se dilate dans l'espace donne naissance à la *forme* : c'est le passage du non manifesté au manifesté, la matérialisation, l'apparition du monde minéral.

---

[10] Un instant T – un point – est 1, l'instant qui suit est "la seconde" (redoublement du 1). Le temps se dilate ensuite de 1 en 1 ou de "seconde en seconde... jusqu'à former un "leurre" complet : l'heure. C'est l'illusion du temps !

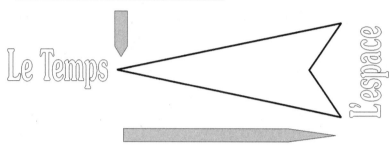

Schéma n°7 - Temps et espace

Au moment de la conception, nous nous incarnons dans le temps et dans l'espace sous une forme unique et chaque instant de notre vie est un déploiement du temps dans l'espace[11].

NOTRE FORME EST ISSUE D'UNE RENCONTRE

À l'instant T, cette conception est une empreinte qui donne naissance à la forme.

Une empreinte est toujours issue d'une *rencontre*.

Lorsque nous posons notre pied sur le sol, notre empreinte se trouve *entre* le pied et le sol : elle est *la rencontre* du pied et du sol.

Mais si nous soulevons notre pied, qu'y a-t-il entre lui et le sol ?

Rien !

De même, pour ce qui est de la rencontre entre nos mains quand nous les frappons l'une contre l'autre ; qu'y a-t-il entre elles lorsque, ensuite, nous les ouvrons ?

Rien !

Et pourtant, nous avons bien perçu quelque chose...

---

[11] Nous nous référerons régulièrement à ce schéma tout au long de notre étude de l'Empreinte : il en est une des clés essentielles.

La conception est du même ordre : c'est une rencontre, impalpable, entre le ciel et la terre, qui d'un côté nous fait contacter le *"rien"* et de l'autre la *"totalité."*

Nous fêtons le jour de notre naissance, mais nous devrions surtout fêter la date de notre conception, c'est le moment-clé de notre existence : unique, il ne sera jamais reproduit, il n'a aucune référence et n'en aura jamais aucune. Cet instant est totalement original.

La conception, rencontre entre un homme et une femme, est le choc créateur d'une empreinte.

Cette empreinte, forme unique, est le capteur de la totalité de la vie.

NOTRE EMPREINTE N'EST NI *"BIEN"*, NI *"MAL"* : ELLE EST

Pour faire un épi de blé, il n'y a pas mieux qu'un grain de blé mais pour produire un épi d'orge ou de maïs, il ne sera pas très performant...

Pour écrire ou voyager, il le sera encore moins...

Mais il est *parfait* pour devenir un épi de blé.

Imaginons maintenant que ce grain de blé, en apercevant des fleurs dans le champ voisin, se dise : "Tiens, pas mal ça, je vais devenir un coquelicot ou un bleuet."

Même s'il y met toute son énergie, il ne deviendra jamais ni un coquelicot ni un bleuet... et il ne deviendra pas non plus un épi de blé ! Mais dépensant toute son énergie à être autre chose que lui-même, il ne sera qu'un lamentable ersatz... de n'importe quoi !

Là encore, au-delà de la simplicité apparente de l'anecdote, il est important de prendre réellement conscience de son propos : combien sommes-nous en effet à souhaiter être autre chose que ce que nous sommes et à épuiser notre énergie à contresens comme ce grain de blé insatisfait, alors que, comme lui, la seule chose que nous ayons à faire est de laisser la totalité de la vie passer à travers nous, afin que *le projet de chacun de nos actes soit de nous transformer en nous-même.*

Plutôt que de "donner un sens à notre vie", laissons "la vie prendre son sens en nous."

UNE HISTOIRE QUI SE GRAVE

Un CD de Serge Gainsbourg est parfait pour que nous puissions entendre chanter Gainsbourg... mais si nous avons envie d'entendre Brel avec ce même CD, ce sera *impossible* : un CD *restitue ce qui est gravé sur lui et uniquement cela.*

Nous fonctionnons comme ce CD : *une histoire, unique, est gravée en nous et nous passons toute notre existence à la relire.*

Comme nous le verrons bientôt, cette histoire se grave dans nos cellules à une période bien précise de notre vie située dans les mois autour de notre naissance. Il y a plus de 5 000 ans que les Chinois savent comment l'embryon enregistre le comportement parental.

Auparavant, voici deux petites expériences. La première se situe dans le domaine végétal, la seconde, dans le domaine animal :

Des expériences scientifiques ont démontré à l'aide de capteurs posés sur la plante-mère et une de ses branches ayant été coupée que, si la plante-mère se rétracte sous l'effet de stimuli désagréables, la branche coupée réagit de la même manière alors qu'elle n'est pas soumise à ces stimuli.

De même, si la plante-mère se déploie sous l'effet de stimuli agréables, la bouture se déploie sans avoir reçu d'autres informations extérieures.

Il en a été conclu que la plante-mère et la branche coupée restent en résonance cellulaire après une séparation effective et que tout ce qui se passe au niveau de la première a une résonance immédiate sur la seconde.

Ces conclusions sont très faciles à vérifier : comme nombre de personnes, je fais souvent des boutures à partir d'une plante verte qui se trouve dans mon cabinet.

Le petit morceau de branche de la bouture est de même nature – même résonance, même vibration, même sensibilité – que la plante-mère.

J'ai souvent constaté que si, ayant coupé deux petites branches, je donne l'une d'elles à un ami pour qu'il la fasse bouturer chez lui, celle que je garde fait des racines en dix jours, alors qu'il faut plus d'un mois à la seconde. La raison en est très simple : la mienne est restée dans le rayonnement de la *plante-mère* alors que l'autre en a été éloigné.

Les racines d'une bouture apparaissent, en effet, bien plus rapidement si celle-ci reste dans l'environnement de la plante-mère parce qu'elle reste *dans sa vibration d'origine*.

Au plan animal (histoire tirée de la biologie totale de C.Sabbah) :

On met un ver de terre dans une boîte A et un autre dans une boîte B, chacune ayant un couvercle.

Tous les matins, pendant un certain temps, on soulève le couvercle de la boîte A et on stimule agréablement le ver de terre A.

Celui-ci s'étire et se déploie sans stress.

Puis on soulève le couvercle de la boîte B et, sans rien dire, on pique (légèrement) son occupant d'un petit coup d'épingle.

En état de stress, il s'enroule aussitôt sur lui-même.

Très rapidement, au *simple bruit* du couvercle soulevé, le ver A réagit positivement, alors qu'au même signal, le ver B se recroqueville immédiatement (avant d'être piqué).

Ils ont acquis un comportement réflexe.

On fait ensuite procréer chaque ver de terre et on garde leur progéniture dans leurs boîtes respectives A et B en *enlevant les parents d'origine*.

On s'aperçoit alors que les jeunes vers, alors qu'ils n'ont reçu aucun stimulus, *réagissent exactement comme leurs parents respectifs au seul bruit du couvercle soulevé* :

- les petits vers de la boîte A s'étirent et ne présentent aucun signe de stress ;
- les petits vers de la boîte B se recroquevillent sur eux-mêmes.

Ce que les parents ont vécu et ressenti s'est inscrit dans le programme biologique de leur progéniture.

ET AU NIVEAU HUMAIN ?

C'est exactement la même chose...

Notre biologie est directement issue de la biologie animale et nous en partageons les lois.

L'élément fondateur de notre histoire est la rencontre entre le spermatozoïde d'un homme et l'ovule d'une femme qui engendre une nouvelle vie.

La première masse cellulaire qui se forme après la conception s'appelle "morula", (ce qui signifie petite mûre, à quoi elle ressemble effectivement).

Dans "mûre", nous entendons également le mot "mur" et nous disons d'une femme qu'elle est "enceinte.".. Lorsque nous installons des "murs", nous avons une forme et des limites, un "extérieur" et un "intérieur" : *c'est à cet instant que commence notre identité propre, notre forme dans l'espace-temps, notre empreinte.*

Mais, si notre identité commence bien à la conception, nous sommes encore pratiquement dans du biologique pur parce que la première cellule embryonnaire est totalement identifiée aux deux cellules d'origine.

L'empreinte est chargée de tout ce qui est inscrit dans ces deux cellules d'origine et l'inconscient cellulaire de l'enfant est en résonance totale avec le vécu et le ressenti de son père et de sa mère pendant une période située autour de sa naissance.

Les cellules biologiques du cerveau de l'enfant s'imprègnent alors des émotions, des pensées, de *tout* ce que ses parents vivent à ce moment-là et elles reproduiront ce qu'elles auront enregistré exactement comme un ordinateur restitue un programme dans le principe du "copier-coller" :

L'acquis des parents devient l'Inné de l'enfant.

L'inconscient est biologique et le biologique de l'enfant est totalement imprégné par le vécu psychologique des parents.

Autrement dit :

"Nous sommes le vécu et ressenti de nos parents."

Nous pouvons comparer ce phénomène au principe de l'encre et du buvard...

Mais, si l'encre *s'imprime* sur le buvard... le buvard *n'est pas* l'encre.

C'est une des clés du travail en bioanalogie *et* sans nier l'importance de tout travail au niveau psychologique, notons qu'une des spécificités de la bioanalogie est qu'elle nous permet de remonter à une source antérieure au psychologique.

En effet, son sujet concernant la période qui se situe autour de la conception, elle s'inscrit avant tout dans le domaine biologique (Nous verrons qu'elle nous permet également de trouver des informations en amont de cet instant primordial qu'est la conception).

L'imprégnation de l'empreinte est d'une précision extraordinaire :

Jean-François

Jean-François a 24 ans, il avait une obsession pour laquelle il était soigné depuis 12 ans : il était hanté par la certitude qu'un jour il allait tuer quelqu'un, par accident, ou par une crise de folie. Il n'avait pas envie de tuer, il avait peur d'être un tueur. Je lui ai expliqué que s'il ressentait "Je suis un tueur", c'est qu'obligatoirement ou son père ou sa mère avait vécu quelque chose de cet ordre pendant la période située autour de sa conception.

Voici son histoire :

Alors que sa mère, enceinte de quatre mois, se promenait en voiture avec son mari, un homme a grillé un feu rouge à moto et est venu s'écraser sur leur voiture. Il a été tué sur le coup.

Au moment du choc, la jeune femme a crié à son mari : "tu l'as tué !", ce qu'il a intégré mentalement comme : "je suis un tueur."

Jean-François a été imprégné biologiquement par ce vécu et ce ressenti psychologique de ses parents.

Exécutant son programme, il vivait une réalité qui n'était pas la sienne.

Subissant ce programme, il n'osait rien faire et avait été placé dans un CAT, lieu protégé.

Jean-François avait eu connaissance de cette histoire, mais personne ne lui en avait donné **le sens** *par rapport à sa vie.*

C'est parce qu'il **a fait le lien** *avec le vécu de ses parents et* **réalisé** *que cela ne lui appartenait pas qu'il a pu commencer à s'en libérer.*

Tout détail a son importance :

Quelque temps plus tard, Jean-François, qui se sentait bien mieux, éprouvait cependant encore une grande angoisse à l'idée d'entrer dans un bar.

Comme sa mère venait le chercher à la fin de la consultation, je lui ai demandé d'où venait l'homme de l'accident ; elle me dit : "Il sortait d'un bar où il avait beaucoup bu."

Ainsi, Jean-François avait strictement intégré l'histoire avec *tous* ses paramètres et, pour lui, entrer dans un bar pouvait avoir des conséquences mortelles...

Nous vérifions ici la précision biologique de l'imprégnation du psychologique des parents au moment de l'événement. En effet, si cet homme n'avait pas bu dans ce bar, il aurait contrôlé sa moto et il ne serait pas mort, tué par notre voiture, faisant du conducteur – le père – un "tueur."

Le bar avait bien de l'importance dans l'histoire : il était très dangereux.

C'est ce qui s'est inscrit dans les cellules biologiques de l'enfant à naître.

Dans le cadre de l'imprégnation des programmes, parler de "copier-coller" n'est pas une vaine formule.

Bertrand

Malgré ses efforts, Bertrand n'arrivait pas à avoir une relation suivie avec une femme : il souhaitait profondément avoir une vie de couple et fonder une famille mais il ne parvenait pas à vivre réellement une relation suivie, à la concrétiser comme si, au moment où cette relation devenait possible, quelque chose, l'empêchait de réaliser son désir.

Avant leur mariage, ses parents habitaient dans deux villages voisins dont les habitants se détestaient de génération en génération : de part et d'autre, les jeunes formaient des "bandes" qui n'hésitaient pas à se battre avec violence.

De ce fait, il était très mal vu de fréquenter une fille ou un garçon de l'autre village à tel point que lorsque le père de Bertrand partait rejoindre sa mère, les jeunes de son village le guettaient sur la route pour l'insulter, le menacer et lui jeter des pierres.

Cela n'a pourtant pas découragé les deux jeunes gens qui ont décidé de se marier.

Mais le père de la jeune fille n'a pas pu accepter ce mariage et il s'est suicidé peu de temps après...

L'imprégnation pour Bertrand à travers le vécu de sa mère est donc : "Si je fais alliance, mon père meurt." et du côté de son père : "Aller chercher une femme à l'extérieur provoque le rejet et la violence des autres."

Il ne peut pas concrétiser une relation : il y a un puissant "interdit" inscrit dans son inconscient biologique parce que "l'alliance engendre la violence et la mort."

Pour sortir de son programme Bertrand avait à réaliser que ce n'était pas son histoire et qu'il avait le droit d'avoir une vie de couple, comme celui d'avoir des enfants sans que cela ait les conséquences dramatiques inscrites en lui par le vécu de ses parents.

VINGT-SEPT MOIS POUR UNE VIE : L'EMPREINTE

L'instant T de la conception *est* le début de notre temps personnel, à cet instant s'opère *un passage de la verticale (temps) dans l'horizontale (espace) selon un angle de 90 °. Alors le temps se déploie dans l'espace : c'est la période de la gestation.*

LA CONSTRUCTION DE L'EMPREINTE

Lorsqu'elle réalise qu'elle est enceinte, toute femme pense immédiatement qu'elle va accoucher 9 mois plus tard parce que cette réalité biologique est inscrite en chacun de nous depuis que l'homme est homme.

Cette loi biologique crée un premier programme, commun à tous les humains : *"Tout ce qui se conçoit prend sa réalité au bout de neuf mois."*

Ce programme est le plus ancien programme lié au temps inscrit dans la mémoire cellulaire humaine.

Symboliquement le nombre 9 est le nombre de l'accomplissement, de la perfection atteinte et de la plénitude : "neuf mois", c'est un cycle de vie de l'humain, le cycle de la conscience[12].

L'imprégnation est particulièrement importante pendant *les neuf mois de la grossesse* parce que, pendant cette période, l'enfant vit en résonance, en vibration cellulaire, avec son père et sa mère.

Ce premier programme a une double incidence en aval et en amont de la grossesse :
– en aval :

C'est la *naissance* : lorsque l'enfant naît, c'est la réalité de ce qui a été conçu qui se manifeste.

---

[12] "9 est le dernier des nombres fondamentaux, à ce titre il en marque symboliquement l'aboutissement et la somme, tout nombre rajouté à lui-même le réduit à lui-même. 8 marque l'équilibre et l'harmonie, 8 + 1, devient dès lors le symbole de l'accomplissement, de la perfection enfin atteinte, d'un cycle réellement et pleinement accompli (Bernard Baudouin. *Magie et mystère des nombres*. Editions de Vecchi).

Mais, comme il est encore sous la protection des anticorps de sa mère, *pendant les neufs premiers mois de sa vie*, il reste en résonance plus spécifique avec elle pendant cette période qui suit la naissance. Il ne développe en effet ses propres anticorps qu'à partir de l'âge de 9 mois et ce n'est qu'à cet âge qu'il commence à faire la différence entre sa mère et lui.

Remarquons que les dents apparaissent vers le 8/9e mois : les dents sont ce qui permet de couper. L'enfant peut alors couper sa propre nourriture et l'apparition des dents correspond à cette prise de distance : c'est le début du développement du fonctionnement psychologique propre de l'enfant, de sa singularité et sa sortie de l'identification avec sa mère.

À cet âge, il coupe le *lien* : "neuf mois" est le temps de la gestation inscrite dans la mémoire biologique pour passer d'un état – la source parentale – à l'autre, la conscience de soi, qui signe *l'autonomie psychologique*.

Pendant ces *dix-huit mois* (les neuf mois de grossesse et neuf premiers mois de vie), l'enfant s'imprègne du vécu et du ressenti de ses parents.

– en amont :

Nous avons vu que notre premier programme est "tout ce que nous concevons prend sa réalité neuf mois après", ce qui implique que *chacune de nos cellules a une spécificité mémorielle de neuf mois* : biologiquement nous sommes plus sensibles à ce que nous avons vécu durant les 9 derniers mois de notre présent.

Cela signifie que nos cellules sont particulièrement sensibles à ce que nous avons vécu depuis neuf mois et si nous avons été confrontés à un événement traumatisant durant cette période, elles en sont encore très imprégnées. Par exemple, un deuil ou un événement émotionnellement marquant ne peuvent être réellement intégrés avant un délai de neuf mois : ce laps de temps est nécessaire pour que nous puissions l'assimiler et en mesurer toute la réalité.

Par conséquent, tout ce qui s'inscrit dans le vécu psychologique des parents durant les *neuf mois précédant la conception* d'un enfant s'imprègne également.

En résumé, sont programmants pour l'enfant :
- les neuf mois précédant la conception,
- les neuf mois de grossesse,
- les neuf mois après la naissance.

LE CYCLE D'IMPRÉGNATION EST UN CYCLE DE VINGT-SEPT MOIS.

Il correspond à notre inconscient biologique cellulaire animal (**IBCA**).

Je rappelle une fois de plus qu'en bioanalogie l'inconscient dont nous parlons est biologique et qu'il ne faut pas le confondre avec l'inconscient dont parlent les psychologues et psychanalystes. Cette notion n'enlève rien au fabuleux travail de la psychanalyse, il s'agit pour nous d'une lecture à un autre niveau[13].

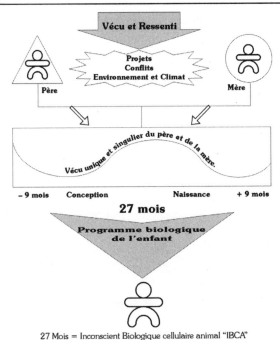

27 Mois = Inconscient Biologique cellulaire animal "IBCA"

Schéma n° 8 - Inconscient biologique cellulaire animal "IBCA."

---

[13] Nous distinguerons désormais l'empreinte dont nous avons parlé précédemment (forme issue d'une rencontre au moment de la conception) de l'Empreinte (avec une majuscule), terme qui désigne la ligne des vingt sept mois autour de la naissance et les programmes qui y sont gravés durant cette période d'imprégnation cellulaire.

L'imprégnation de l'Empreinte se fait sur une période de vingt sept mois avec *des tonalités différentes suivant les trois phases de l'Empreinte :*

- **Phase 1** : de – neuf mois à la conception, l'imprégnation est plus liée au père. L'explication, biologique, en est que le nombre d'ovules chez la femme est déterminé à la naissance alors que les spermatozoïdes se renouvellent en permanence, ceux-ci s'imprègnent alors d'une mémoire plus spécifiquement liée aux neuf derniers mois de la vie du père.
- **Phase 2** : de la conception à la Naissance, gestation : imprégnation père /Mère.
- **Phase 3** : de la Naissance à + neuf mois, l'imprégnation de la mère est plus importante durant cette période, pour les raisons citées précédemment (anticorps de la mère jusqu'à neuf mois).

Les programmes du père sont ainsi plus prégnants dans la période de la conception alors que ceux de la mère sont plus actifs dans celle de la naissance.

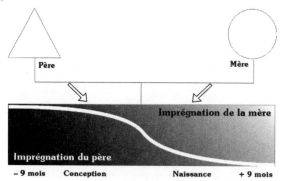

Schéma n°9 - Imprégnation père mère.

LES QUATRE DATES FONDATRICES DE L'EMPREINTE

La structure de l'Empreinte est basée sur quatre dates-clés :
1. – neuf mois avant la Conception (soit – dix-huit mois avant la naissance) ;
2. la Conception ;

3. la Naissance ;
4. + neuf mois après la naissance.

Pour Carole née le 07/02/62, son Empreinte s'inscrit du 07/08/60 au 07/11/62.

-9 mois	Conception	Naissance	+ 9 mois
07/08/60	07/05/61	07/02/62	07/11/62

L'HISTOIRE INSCRITE SUR CHAQUE EMPREINTE EST UNE HISTOIRE UNIQUE ET SANS RÉFÉRENCES

Tout comme notre forme, issue de la rencontre unique entre cet homme-là et cette femme-là à cet instant-là, l'Empreinte qui se déploie ensuite est **unique et sans références** puisqu'elle s'imprègne de l'histoire personnelle et totalement originale des parents de chacun.

Pendant ces vingt-sept mois, l'imprégnation du vécu et du ressenti des parents sur l'Empreinte se fait sur trois niveaux spécifiques :

– les projets (construction ou achat d'une maison, changement de statut professionnel, etc.) ;

– les conflits (problèmes relationnels avec l'entourage familial, amical, sentimental, professionnel... ou avec soi-même) ;

– l'environnement, le climat (événements familiaux, sociaux, mondiaux, ambiance générale, tonalité du contexte dans lequel vivent les parents).

Ces trois plans d'imprégnation sont reliés aux trois paramètres de survie :

D
A
†

– les *projets* – ce que l'on *conçoit* – se relient à la *Descendance* ;

– les *conflits* – le *relationnel* – se relient à *l'Alimentation* ;

– *l'environnement* et le *climat* sont reliés au *Territoire*.

L'Empreinte enregistre et grave systématiquement la totalité du vécu et du ressenti des deux parents dans ces 3 domaines.

Christelle : climat / environnement

Les parents de Christelle ont perdu un fils parce qu'ayant dépassé le terme de deux semaines le bébé était trop gros et la naissance s'est mal passée : le bébé est mort quelques heures plus tard.

Le vécu et le ressenti de la mère : "mon enfant est mort parce que le terme était dépassé et qu'il était trop gros" est devenu le suivant lors de ses grossesses suivantes : "il ne faut surtout pas que mon enfant prenne trop de volume et il faut qu'il naisse à temps."

Pour Christelle, cela a imprimé en programme : "prendre du volume (du poids) et dépasser le délai prévu sont deux dangers mortels."

Ne supportant pas l'idée de prendre du "volume", elle a été anorexique et tout délai posé provoquait en elle une angoisse profonde – "comme si sa vie était en jeu."

Jérôme : conflits

Pendant la gestation, le père de Jérôme, directeur d'un magasin, a fait faillite parce qu'il s'est trompé dans ses comptes.

Il s'est dit, très en colère contre lui-même : "je suis nul !"

Jérôme, imprégné de ce ressenti, exécutait le programme : "je suis nul" en se mettant dans des situations qui le lui prouvaient...

Gérard : conflits (relations)

Gérard se demandait pourquoi il cherchait toujours à "s'accrocher" dans le cadre d'une relation sentimentale.

Avant sa conception, sa mère avait fait une fausse couche et sa hantise, lorsqu'elle a été de nouveau enceinte, était que ce nouveau bébé "se décroche."

"S'il ne s'accroche pas, il meurt.."

Gérard, qui avait imprimé ce programme, l'exécutait dans sa vie sentimentale : pour la réaliser, il lui fallait "s'accrocher" dans sa relation, sous peine de mourir.

Olivia : projet

Au moment de la conception d'Olivia, ses parents ont décidé de faire construire une maison.

Cette activité est souvent source de contretemps, de difficultés matérielles et financières. C'est toujours long et difficile.

De plus, son père étant très pris par ses obligations professionnelles, c'est la mère d'Olivia, enceinte, qui a pris cette construction en charge : c'était à elle de négocier avec les artisans et de gérer les problèmes qui se présentaient. Cela la fatiguait énormément et elle avait souvent le sentiment que cette tâche était vraiment trop lourde pour elle.

Cela a programmé dans l'inconscient d'Olivia qu'elle ne pouvait exister que si le concret était difficile et elle avait beaucoup de mal à concrétiser ses projets : tout ce qui était matériel lui posait beaucoup de problèmes.

De plus, elle a constaté qu'il lui fallait du temps, plusieurs années parfois, entre le moment où elle commençait à poser les bases d'un projet et celui où elle envisageait sa réalisation concrète tellement, cela lui semblait insurmontable.

C'est l'imprégnation de son Empreinte et elle reproduisait systématiquement le même processus.

"Sortir de son corps" (climat / environnement)

Florian se faisait mal tout le temps : il se cognait, se coupait, se meurtrissait sans arrêt.

Ses parents étaient des adeptes convaincus de la méditation transcendantale.

Pour eux : "Le corps était une entrave à laquelle il fallait échapper."

Florian exécutait fidèlement son programme et se blessait en "débordant" en permanence de son corps.

Chloé : bouger pour vivre (conflits)...

Alors qu'elle l'attendait, la mère de Chloé, qui avait perdu un bébé, mort in utero, l'année précédente, était très angoissée et vérifiait que son enfant "bougeait bien" en posant constamment la main sur son ventre : l'enfant devait "bouger" en permanence pour qu'elle soit rassurée.

Une fois née, suivant son programme, elle continue de bouger : c'est une enfant hyperactive. Pour elle : "bouger, c'est être en vie."

... et encore bouger (2) (conflits)

Les parents de Max, jeune couple en situation financière difficile pour cause de chômage, étaient entretenus par les parents de la jeune femme.

Le futur père se sentant en porte à faux vis-à-vis de son beau-père, se démenait ostensiblement en courant à droite, à gauche et pour justifier sa situation et prouver sa bonne volonté, il multipliait les démarches. Il ne se reposait jamais pour ne pas être taxé de paresse et / ou de parasitisme.

Max, dont c'est l'imprégnation de naissance, a la même attitude : c'est un enfant hyperactif, toujours en quête d'une nouvelle activité.

À partir du 9ᵉ mois qui suit la naissance, nous ne chargeons plus de programmes : *le vécu direct de l'enfant est alors facteur déclenchant du programme chargé pendant les vingt-sept mois.*

En ce qui concerne le processus d'imprégnation des programmes, il est important de se rappeler que le cerveau interprète les événements au 1ᵉʳ degré, dans toutes les tonalités, et qu'il lit des détails qui, au départ, peuvent nous sembler totalement insignifiants :

Bertrand : un enfant "difficile"

Une jeune mère est venue me consulter avec, Bertrand, son deuxième enfant, âgé de 23 mois.

Depuis qu'il est né, cet enfant pleurait toutes les nuits mais uniquement si sa mère se trouvait avec lui dans la maison (Chez les grands-parents, les amis ou lorsqu'elle était absente, il ne pleurait pas.)

Au sujet des vingt-sept mois entourant la naissance, la jeune femme m'a précisé qu'avoir un second enfant n'était pas vraiment une décision : sortant tout juste de la période de maternage pour le premier, elle n'avait pas très envie de tout recommencer aussi rapidement.

Mais cela ne me semblait pas suffisant pour programmer de telles réactions chez Bertrand.

C'est alors qu'elle a ajouté : "Ah oui, il y a autre chose, mais ce – n'est- sûrement – pas – très – important (J'ai pu remarquer que cette phrase précède souvent la clé du problème !) : à l'annonce de sa date probable de naissance, le futur papa s'était exclamé : "Oh là, là, il sera "Scorpion", il va être insupportable, comme le grand-père !" (Arrière-grand-père de l'enfant à naître).

En soi, cette réflexion peut effectivement sembler anodine mais rappelons-nous que le cerveau agit au premier degré. Or, ce grand-père a été orphelin de mère à 4 ans et, dans la mémoire familiale, l'idée transmise était : "ce n'est pas étonnant qu'elle soit morte si jeune, ce gosse a usé sa mère tellement il était insupportable !"

Le programme qui s'est imprimé en Bertrand est : "l'enfant est usant et il est responsable de la mort de sa mère."

Son angoisse en présence de sa mère – qu'il avait le potentiel de faire mourir – se traduisait la nuit par ses pleurs incessants.

J'ai pris le temps de raconter tout cela à Bertrand en lui donnant absolument tous les paramètres de son histoire.

Il faut, en effet, parler du réel, sans jamais chercher à l'édulcorer : dans sa biologie, l'enfant sait et il a besoin de la vérité pour guérir.

À la fin de l'histoire, il m'a regardé au fond des yeux, a poussé un grand soupir, puis il est descendu de mes genoux pour aller sur ceux de sa maman et il s'est endormi dans ses bras, libéré d'un poids qui n'était pas le sien.

Il dort désormais toutes les nuits, en présence de sa mère, à la maison comme ailleurs[14].

Ludovic : des chiffres dangereux

À l'école, Ludovic, 7 ans, n'avait aucun problème avec les lettres, mais il n'arrivait pas à lire les chiffres, un véritable blocage.

---

[14] Ce profond soupir est une constante chez les enfants que se libèrent de leur programme à l'écoute de leur histoire de naissance. Leur cerveau a une rapidité de captation et de réaction extraordinaire. Dès qu'on leur explique le sens de leur malaise, ils l'intègrent immédiatement.

La mère de Ludovic a des problèmes de diabète et avait déjà fait une fausse couche pour cette raison. Pendant sa grossesse, comme ils habitaient à la campagne, les résultats de ses analyses arrivaient par courrier.

Un matin, elle n'est pas parvenue à bien lire ses résultats parce qu'elle avait cassé ses lunettes : elle a eu un énorme choc en croyant voir un chiffre alarmant, dramatique même... Il lui a fallu attendre que son mari rentre du travail et qu'il lui lise les véritables chiffres, qui étaient presque normaux pour être rassurée.

Cependant, cette lecture – erronée – de chiffres hors norme lui avait fait vivre une journée d'angoisse profonde.

J'explique à Ludovic que sa maman a eu "peur" des chiffres, en pensant qu'ils allaient leur "faire du mal" à tous les deux parce qu'elle s'était trompée à cause de ses lunettes cassées.

Quinze jours après, la maman a rencontré l'institutrice qui était très étonnée : Ludovic n'avait plus aucun problème avec les chiffres, tout était redevenu normal.

Ce n'était pas qu'il n'aimait pas les maths ou qu'il n'était pas "doué" dans cette matière : il avait un conflit avec les chiffres perçus comme "dangereux" !

Pauline : "compter, quelle misère !"

Pauline, 9 ans, avait, elle aussi, de gros problèmes avec les mathématiques.

Dans la période des vingt-sept mois autour de sa naissance, ses parents vivaient dans la misère au point qu'ils mettaient des pièces dans une bouteille, même les plus petites, pour avoir de quoi acheter l'essentiel : du pain, du lait, etc.

C'est un grand stress de devoir compter ainsi pièce à pièce pour pouvoir nourrir ses enfants.

Pour Pauline, cela a inscrit une horreur d'avoir à compter : elle ne voulait pas en entendre parler parce que "compter, c'est la misère."

Aujourd'hui, les nombres ne lui semblent plus du tout "infréquentables" et ses progrès dans ce domaine sont spectaculaires.

Laurence : aller à terme

Après une fausse couche et deux grossesses qu'elle n'a pas pu mener à terme (six mois), Laurence ne comprend pas pourquoi elle ne parvient pas à vivre une grossesse normale.

Sa naissance a été provoquée à sept mois de grossesse pour des raisons médicales car si l'on avait laissé la grossesse aller à son terme, l'enfant risquait de mourir.

Ce qui a imprégné en Laurence : "Aller à terme, c'est la mort."

Son cerveau biologique provoque donc des accouchements avant terme afin de sauvegarder la vie de l'enfant qu'elle porte.

Patrick : lire et écrire

Pendant sa grossesse, la mère de Patrick préparait des examens. Mais, dans son milieu rural, à cette époque, se cultiver n'était pas "bien vu", cela ne représentait pas quelque chose de respectable, de rentable : ce n'était pas du "vrai travail."

Elle travaillait donc "en cachette", rangeant précipitamment ses livres dans des placards si un voisin ou des amis passaient à la maison.

Elle était persuadée qu'ils auraient pensé qu'elle aurait mieux fait de s'occuper de sa maison, de son mari et de ses enfants plutôt que de passer sa journée "le nez dans les livres."

Elle craignait aussi d'être perçue comme quelqu'un qui reniait ou trahissait ses origines (d'être qualifiée de "trop fière").

Ce vécu et ce ressenti de sa mère ont imprimé chez Patrick : "il faut cacher ce que l'on sait : lire et écrire, ce n'est pas "montrable."

Il a eu des problèmes en écriture et en lecture tout au long de sa scolarité.

Il a pu commencer à les résoudre avec succès en levant ce blocage à la suite de cette prise de conscience de son imprégnation de naissance.

Toutes ces problématiques de fonctionnement sont rapidement résolues en étant mises à conscience : dès que nous comprenons que nos blocages ou réactions sont liées à un vécu qui ne nous appartient pas, il devient possible de s'en libérer.

NOTRE EMPREINTE EST PARFAITE

Tout comme notre forme au moment de la conception, notre Empreinte capte les énergies de la vie qui passent à travers elle et en soi, elle n'est ni bien, ni mal, elle est, dans l'absolu. Aucune Empreinte n'est mieux ou pire qu'une autre, chacune est **parfaite pour capter la totalité de la vie**. Il n'y a donc pas de conditions de naissance plus favorables ou défavorables que d'autres. En tout cas, elles ne déterminent pas une vie plus heureuse ou plus malheureuse contrairement à ce que l'on pourrait imaginer.

Voici deux départs dans la vie fondamentalement différents :
Viviane est le fruit d'un viol incestueux et sa mère a tenté de la supprimer à la naissance pour ensuite l'abandonner.
Son parcours a été plutôt chaotique en début de vie puisqu'elle a eu à vivre des périodes de solitude et d'abandon mais elle a réussi à intégrer toute son histoire et elle est aujourd'hui une jeune femme épanouie et une mère de famille comblée.
Jean a eu des conditions de naissance a priori beaucoup plus "faciles" : conçu "dans l'amour", précisément le jour de Noël parce que ses parents, catholiques pratiquants, tenaient à cette symbolique de la "Nativité"célébrant la naissance du sauveur du monde. Il a grandi dans un foyer très uni.
Mais son problème est que, inconsciemment investi d'une "mission", il passe sa vie à se sacrifier pour les autres : il se sent tenu de sauver l'humanité entière...
Il n'a aucun conflit au niveau familial, mais il est malheureux comme les pierres parce que, portant la misère du monde sur ses épaules, il ne s'autorise jamais à prendre soin de lui-même.

Précisons que la démarche de travail en bioanalogie n'a en aucun cas pour objet de culpabiliser les parents, ni qui que ce soit d'autre... Il nous suffit de nous rappeler que nous n'avançons que "d'enfant en enfant" : Tous les parents ont d'abord été "enfants", ce qui signifie *"qu'il n'y a ni victime, ni coupable, il n'y a que les lois incontournables de la biologie,"* nous répète Claude Sabbah.

100% PROGRAMMÉS, 100% LIBRES

Cette phrase peut sembler paradoxale, mais c'est pourtant notre privilège d'humains.

En soi, **notre empreinte n'est pas modifiable, elle est unique et hors du temps.**

Comme le grain de blé est 100% programmé pour devenir un épi de blé, nous, humains, sommes 100% programmés pour devenir ce que nous sommes. Cependant, nous sommes aussi 100% libres de choisir !

Comme nous l'avons dit, un programme n'est ni positif ni négatif et dans l'exemple du jeune homme qui se sent "tueur", celui-ci peut le vivre de deux façons : se servir de son programme pour "éliminer" toutes ses attaches et s'en libérer ou continuer de le subir avec le risque permanent de se laisser envahir par ses pulsions. Nous le verrons, ce sont les énergies qui s'imprègnent dans notre Empreinte qui sont à considérer et non le "contenu" émotionnel de celles-ci.

Prendre conscience de notre programme nous rend libres de choisir comment le vivre. Cette liberté appartient à chacun de nous.

"EMPRUNTER L'EMPREINTE"

Il est heureux que nous ne puissions pas modifier notre Empreinte : toute notre spécificité est inscrite en elle.

Personnelle et unique, notre Empreinte est la base même de notre être : il ne faut ni la nier, ni chercher à la modifier mais l'"emprunter" en la laissant être le vecteur de toutes les énergies de la vie.

En un mot, nous avons à apprendre à l'utiliser : refusant de continuer à les laisser "nous agir" inconsciemment, nous pouvons découvrir *en quoi nos programmes peuvent être mis au service de notre créativité.*

En effet, tous nos potentiels sont dans notre Empreinte : dans le domaine des conflits comme nous l'avons vu, mais aussi dans celui de la *créativité* et, suivant l'utilisation que nous en ferons, vivre avec ces programmes sera créatif ou... difficile.

La qualité des choses est donnée par *l'interprétation* que nous en faisons. Encore une fois, tout est une question de regard.

Mais nous n'avons pas à juger notre Empreinte, pas plus que notre vie elle-même.

Résumé

La conception est un instant unique, une rencontre entre la *totalité* d'un homme et la *totalité* d'une femme.

Cette rencontre est le *choc créateur d'une empreinte*, forme unique, qui s'incarne dans le temps et l'espace.

Cette empreinte unique est un *capteur* (cf. grain de blé) qui capte *la totalité des énergies de l'univers dans la résonance de cette forme propre* (Le lapin capte toutes les énergies de l'univers pour les transformer en lapin.)

L'enfant est en résonance cellulaire pendant vingt-sept mois avec le vécu et le ressenti du père et de la mère, sur trois plans d'imprégnation :

projets	qui se relient	à la descendance.
conflits	qui se relient	à l'alimentation.
climat/ Environnement	qui se relient	au territoire.

Pendant les *vingt-sept mois autour de la naissance* se grave sur l'inconscient biologique de l'enfant une histoire, unique et sans références, (le vécu et ressenti psychologique des parents) : *l'Empreinte.*

Ces vingt-sept mois autour de la naissance – l'Empreinte – sont fondateurs de notre histoire : ils sont *essentiels.*

Tous nos programmes sont chargés pendant cette période.

L'étude de l'Empreinte est le centre du travail en bioanalogie.

Elle nous permet de mettre à jour ce qui est à l'origine de nos problématiques, afin de nous en libérer et également de prendre conscience de nos potentiels de créativité.

Une Empreinte n'est ni positive ni négative : c'est à chacun de nous de choisir comment l'utiliser pour devenir ce qu'il est.

Les autres sources d'informations apportent différents éclairages sur ce que nous trouvons dans l'étude de cette période clé : elles viennent confirmer ce qui a été mis à jour, en précisant certaines de ses tonalités.

CHAPITRE 3

Une lecture universelle

L'UNIVERS EST CONSTRUIT SELON DES LOIS PRÉCISES

LA QUALITÉ DES CHOSES

Voici une expérience très simple :

Je m'assieds un moment sur un tabouret, type tabouret de bar, puis je me lève, je marche un peu et je vais m'asseoir sur une chaise : elle est basse...

Je me lève à nouveau et cette fois, je vais m'asseoir sur un petit banc, genre marchepied.

Enfin, je retourne m'asseoir sur la chaise : elle est haute...

Tout à l'heure, elle était basse et maintenant elle est haute ? ?

Cette chaise est-elle haute ou basse ?

Schéma n°10 - Chaise haute ou chaise basse

En fait, elle n'est ni haute, ni basse : les choses ne sont, en soi, ni "hautes", "ni basses", ni "bien", ni "mal" : elles sont.

Or, nous prenons très souvent position d'une façon plus ou moins tranchée à propos de tout et de rien : nous sommes "pour" ou "contre", nous disons que tel paysage est "beau" ou "laid", que tel événement est "triste" ou "joyeux" etc., comme si les choses et les événements avaient une valeur absolue.

Ce n'est pas la réalité.

La qualité des choses n'appartient pas aux choses : "La chose est."

Nous n'avons à être ni "pour" ni "contre" : "Ce qui est" appartient à l'univers, à l'évolution de l'humanité et les différents événements restituent simplement ce qui se passe au niveau de la conscience de l'homme.

LE CIEL EST EN HAUT, LA TERRE EST EN BAS...

Nous marchons sur la terre, "en bas" et nous regardons le ciel, "en haut."

Ce n'est pas vraiment une révélation...

Pourtant nous oublions souvent cette évidence et de nombreux désordres dans notre existence sont liés au fait que nous ne savons plus nous situer correctement dans l'univers qui nous entoure.

Accordons-nous le temps de redéfinir cette terre et ce ciel si familiers :

La terre est le solide, le concret, le réel...

Elle nous accueille : nous pouvons nous appuyer sur elle, nous reposer, nous abandonner. C'est tout ce qui est matériel, physique, fixe, solide, dense.

Nous parlons de "la terre d'origine", de notre "terre natale."

Dans différentes Traditions, nous trouvons la notion de "terre-mère" et effectivement, *la terre est liée à la mère.*

La mère est ce sur qui nous pouvons nous appuyer, concrètement. Elle représente le nid, le foyer, la base fixe et stable.

Le ciel, lui, est abstrait, éthéré, impalpable.

C'est le monde des idées, de l'intellect, du mental.

Dans la culture judéo-chrétienne qui est la nôtre, il est dit : "Notre père qui est aux cieux."

|| C'est le père qui ordonne, oriente, conçoit les projets. Lorsque nous perdons nos repères (re-"père"), nous sommes désorientés.

Le ciel est l'énergie du père.

Les mots "Père" et "Mère" concernent le principe énergétique :

— mère : énergie du féminin, représente tout ce qui reçoit, accueille, ramène vers l'intérieur.

— père : énergie du masculin, est ce qui conçoit, décide, met en mouvement, pousse vers l'extérieur.

Entre le ciel et la terre : l'homme

À partir de l'exemple d'un arbre dont les racines sont dans la terre et dont les branches bougent, nous pouvons dire qu'il est *fixe en bas* et *mobile en haut*.

Mais cette mobilité de la cime est relative par rapport à l'immobilité du bas.

Dans l'univers, entre le bas – physique et concret – et le haut – mental et abstrait – se situe *le monde du relatif, de la relation*.

En d'autres termes, entre la mère / terre et le père /ciel se situe l'Enfant.

Cet enfant est l'homme.

C'est l'homme qui met en relation le ciel et la terre et il gère le monde de la relation, de l'affectif et du psychologique.

En haut : Le CIEL
abstrait, infini, diriger
ordonner, orienter
projection, mental, mobile...

Au milieu : L'HOMME
relation, relatif, relier,
accompagner, réalisation,
affectif...

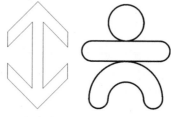

En bas : La TERRE
concret, s'appuyer, se reposer,
terre, fini, concrétisation,
physique, fixe...

"Rien n'est séparé, rien n'est relié"

Schéma n° 11 - Les trois niveaux énergétiques.

L'univers se lit en trois niveaux : ciel / homme /terre.

Toute la vie est construite sur cette loi qui ordonne une vision en trois niveaux et tout ce qui est manifesté dans cet univers se lit à partir de cette vision.

C'est une loi universelle.

L'HOMME EN TROIS DIMENSIONS

L'HOMME EST LE LIEN ENTRE LA TERRE ET LE CIEL

L'homme est le lien entre la terre et le ciel comme l'enfant est le lien entre le père et la mère. En fait, lorsque nous disons "enfant", nous disons en même temps "père et mère" parce que ce mot inclut obligatoirement les deux autres : s'il n'y a pas d'enfant, l'homme et la femme ne sont ni père ni mère, ils sont "un homme" et "une femme."

Nous employons le terme de "lien" à défaut d'un mot plus juste, mais soulignons qu'en réalité, *ces trois mots, père, enfant, mère, ne sont **ni reliés ni séparés, ils sont indissociables.***

Il en est de même pour la triade : ciel / homme /terre.

Le "CIT" creuset de l' "âme-à-tiers"

Nous avons tous pu admirer ces églises romanes qui ont traversé les siècles.

Ce n'est pas un hasard si ces monuments ont été construits à partir de voûtes : c'est en effet la structure qui permet de donner le maximum de résistance à la matière (une poutre d'une certaine longueur chargée de poids cèdera plus facilement en étant droite que construite en voûte.)

La clé de voûte est la pierre centrale de cette structure.

Les anciens bâtisseurs savaient que plus il y a de poids sur cette clé de voûte, plus le centre de gravité se concentre au milieu de la structure et qu'alors les forces peuvent se répartir sur les côtés, assurant ainsi le maximum de solidité à l'arche.

Le corps humain est également construit sur une voûte...

Notre "clé de voûte" corporelle est située entre le pubis et le nombril, c'est notre centre de gravité, au milieu de nos surfaces d'appui que sont les jambes.

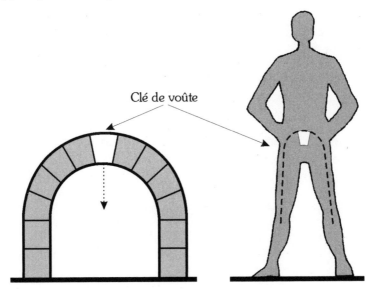

Clé de voûte

Schéma n°12 - La clé de voûte.

Ainsi comme tout ce qui est manifesté, l'homme se lit en 3 niveaux : Il est construit sur une voûte, et par analogie pour symboliser cette lecture en trois dimensions, voici le CIT qui nous accompagnera tout au long de cet ouvrage.

Il résume ici les *trois plans de fonctionnement du corps humain : mental, affectif, physique.*

Le "CIT"

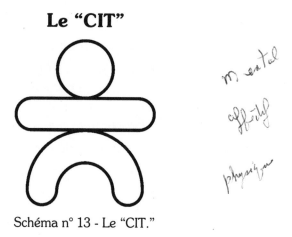

Schéma n° 13 - Le "CIT."

Le CIT se prononce "site." C'est l'incarnation (I) entre ciel (C) et terre (T).

Il représente bien un lieu, un site, il matérialise une loi universelle, un schéma de lecture en trois dimensions qui s'applique à tout ce qui est manifesté.

Quelle que soit la partie du corps humain que nous voulons étudier, nous pouvons le faire à partir de cette clé de lecture.

– Haut

La tête : monde de l'intellect, du *Mental.*

La tête est ce qui ordonne et donne des repères, ce qui permet de décider, de concevoir et de s'orienter sans changer ses appuis grâce à la rotation du cou.

– Bas

Le bassin et les membres inférieurs : monde du *Physique.*

Ils représentent ce qui est stable, ce qui nous permet de concrétiser, de nous déplacer tout en nous appuyant sur une base solide.

Nous concevons en haut et nous concrétisons en bas.

– Entre le haut et le bas

Le tronc et les membres supérieurs : le monde de *l'affectif*, de la relation.

Nous serrons la main ou nous embrassons quelqu'un – nous le prenons dans nos bras – nous le faisons ainsi entrer dans notre espace affectif.

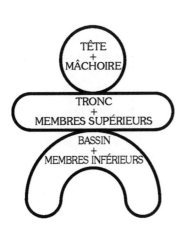

Père, Tête + Mâchoire
Mental, intellect, abstrait, diriger, orienter, ciel, infini, projeter.

Enfant, Tronc + MS
Affectif, relatif, relier, Accompagner, réaliser, œuvrer, homme.

Mère, bassin+ MI
Physique, concret, appui, travaille, terre, fini.

"Rien n'est séparé, rien n'est relié"

Schéma n° 14 - Le "CIT" Les trois Plans Energétiques

LES TROIS TISSUS CELLULAIRES

Sans entrer dans des détails qui ne sont pas notre propos actuel, nous allons aborder quelques notions d'embryologie.

Au moment de la conception, la rencontre du spermatozoïde et de l'ovule a lieu dans la trompe de Fallope (c'est l'apparition de la forme). La cellule issue de cette rencontre migre ensuite dans l'utérus. Cette nouvelle cellule est alors appelée "morula", comme nous l'avons vu précédemment.

Dans les huit premiers jours de leur existence, les cellules ne sont pas différenciées.

Ce n'est qu'à partir du 8e jour que commence la différenciation cellulaire par orientation Ciel / Terre – en deux tissus embryonnaires :
- en profondeur se situe l'endoderme, tourné vers la "terre" ;
- en surface, l'ectoderme, "tourné vers le ciel."

À partir du 16e jour apparaît un tissu intermédiaire, le mésoderme qui a lui-même deux orientations :
- le mésoderme ancien situé du côté endoderme : tourné vers la terre ;
- le mésoderme nouveau situé du côté ectoderme : tourné vers le ciel.

Le mésoderme fait le lien entre l'ectoderme (ciel) et l'endoderme (terre).

Durant les deux premiers mois de la grossesse, l'évolution de l'embryon restitue les stades de l'évolution : stade minéral (forme), stade végétal (orientation) et stades animal et humain du point de vue biologique.

Si nous relions ce schéma de cellule au CIT nous obtenons :

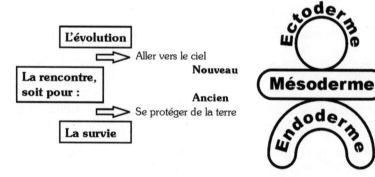

Schéma n° 15 - Les tissus embryonnaires liés au temps et à l'espace

Les "trois cerveaux"

La physiologie reconnaît habituellement trois cerveaux.

La clé de lecture qu'est le "CIT" avec ses trois niveaux nous permet d'en comprendre les différentes tonalités.

1. le cerveau reptilien, archaïque, en charge de notre survie de base au niveau du physique, de l'espace, du territoire ;

2. le cerveau limbique gère nos affects, nos relations ;

3. le cerveau cortical, gère nos projets, nos projections dans le temps, dans le concept, dans l'évolution.

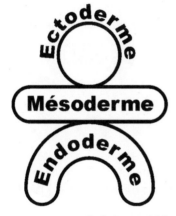

L'évolution
Le cerveau cortical
Le cortex

La rencontre
Le cerveau limbique
Moelle épinière, cervelet

La survie
Le cerveau reptilien
Le tronc cérébral

Schéma n°16 - Les trois cerveaux

Le corps à livre ouvert...

Nous avons situé l'enfant entre le père et la mère, l'homme entre le ciel et la terre dans le monde du relatif, de la relation.

Pour comprendre nos pathologies, nous pouvons également appliquer cette lecture en 3 niveaux à chaque partie du corps humain :

La face :

–   le front : intellect, relation au père, au masculin, la conception.

Nous qualifions couramment quelqu'un qui a un grand front d'"intellectuel", nous disons de lui qu'il a un "mental fort", c'est un penseur, un concepteur.

- Le menton, la mâchoire : ce qui est terrien, ancré dans le réel, dans la matière. Energie mère/terre.

Une mâchoire large indique une personne plutôt bien incarnée dans la matière (ce n'est ni positif, ni négatif, c'est une information).

Les cinq sens sont situés entre le front et le menton et nous servent à communiquer, à entrer en relation avec notre territoire. C'est le monde de l'enfant.

Certaines personnes ayant les yeux rentrés, le nez serré, la bouche pincée ne témoignent pas vraiment d'une grande ouverture, cela exprime effectivement une difficulté dans leur relationnel.

Les organes des sens sont liés à la notion de sécurité sur notre territoire : la façon dont nous l'appréhendons et le gérons.

Les membres inférieurs :

- la hanche : elle commande les pieds pour que nous puissions avancer : c'est "la tête du pied."

La tête de la hanche s'appelle la tête fémorale. Nous nous trouvons en conflit d'opposition (le "fait-mur") lorsque nous allons là où l'on nous impose d'aller.

Il est fréquent que les personnes âgées se cassent le col du fémur dans des situations de désaccord avec leurs enfants ou petits enfants.

Il y a toujours derrière un problème de hanche, une problématique à l'opposition.

- le genou : c'est le monde de l'affectif, de la relation. Le genou se met en place quand l'énergie sexuelle commence à apparaître entre 5 et 7 ans.

L'enfant passe alors du "je" au "nous" familial : il prend sa place dans sa famille en tant qu'être féminin ou masculin.

Dans la tradition chevaleresque, le chevalier qui met "genou en terre" fait don de son "physique", de son corps et donc de sa vie à son seigneur : il accepte consciemment cette soumission. Quand nous "plions les genoux", nous nous soumettons.

Les pathologies de genoux témoignent d'un désaccord vis-à-vis d'une soumission non acceptée.

Parfois, les religieux sont sujets à ce genre de problèmes, non parce qu'ils sont fréquemment à genoux, mais parce qu'à ce moment de leur existence, ils ne sont plus en accord avec leur autorité supérieure.

Du "je" au "nous"

Déborah, 8 ans, avait une rotation interne des genoux (genu valgum) qui la gênait beaucoup et ses parents avaient consulté un chirurgien pour envisager une intervention.

Ce handicap était apparu deux ans après la naissance de son petit frère.

Imaginons son état d'esprit : sa vie était un paradis dont elle était la reine, bien installée entre "papa-maman."

Un jour, un intrus a débarqué pour contester sa suprématie, elle a perdu l'attention exclusive qu'elle avait toujours connue de la part de ses parents.

Le nouveau venu la renvoyait dans l'ombre et toute la famille venait l'admirer ! C'était l'effondrement de tout son univers et l'obligation de se soumettre à un nouvel environnement.

Déborah subissait cette intrusion sans pouvoir l'admettre : elle ne parvenait plus à trouver sa place dans la famille.

Sur une suggestion de ma part, ses parents ont confié le petit frère à quelqu'un de sûr pendant huit jours et ont emmené leur fille, seule, dans un endroit plaisant après s'être engagés à dire oui à toutes ses demandes.

Il ne s'agissait nullement de répondre à des demandes extravagantes, mais de lui offrir une attention pleine et entière durant ce laps de temps.

Ils ont loué un gîte et pendant une semaine, la fillette a eu "papa – maman" pour elle toute seule et a pu ainsi vérifier que la naissance de son frère ne lui avait rien enlevé. Ses genoux sont redevenus normaux en six mois.

Déborah a aujourd'hui 25 ans et des jambes sans aucun problème.

Ceci sans opération, sans cicatrices et en ayant réglé son conflit, ce qui est le plus important parce qu'une opération n'aurait certainement rien résolu en profondeur.

Ses parents l'ont simplement accompagnée pour passer du "je" au "nous" familial.

- – le pied : partie "la plus physique du physique", il me met en contact direct avec la terre, le réel (Le pied permet de marquer son empreinte au sol.)

J'ai souvent proposé un travail corporel à partir des pieds et, jusqu'à il y a quatre ans, mon logo de formation représentait, des empreintes de pieds. Au cours de mes stages, je proposais aux personnes présentes de marcher, simplement, pour mettre en conscience comment elles posaient leurs pieds au sol. Cet exercice nous révèle notre faculté à nous abandonner, nous appuyer : *c'est notre véritable relation au réel et, comme nous l'avons dit et le redirons sans doute, ce n'est qu'à partir du réel, du concret, que nous pouvons accéder à la conscience.*

C'est également la relation à la mère, à l'énergie féminine.

Les personnes qui n'ont pas reçu cette qualité d'énergie ont du mal à se situer, elles n'arrivent pas à distinguer ce qui est en bas de ce qui est en haut et se sentent souvent perdues.

De même, celles à qui l'énergie masculine n'a pas été clairement transmise (énergie du père), n'ont pas de "re-pères", pas de limites et ne savent pas non plus s'orienter ni se situer.

Claudine

Claudine avait de grandes difficultés à marcher pieds nus : on ne lui avait jamais permis ni de s'abandonner ni de s'orienter en lui donnant des limites.

Ses parents ne lui ont pas transmis les énergies père — père parce qu'ils ne l'ont pas accueillie comme leur enfant — c'était une fille et ils voulaient un garçon.

Ce n'est pas elle qu'ils voulaient, elle ne les "intéressait" pas.

Comme ils ne se sont pas situés en tant que parents vis-à-vis d'elle, elle n'a reçu ni les énergies féminines ni les énergies masculines, ce qui signifie qu'elle n'avait ni la faculté de s'abandonner et ni celle de s'orienter.

Elle vivait toutes les situations de sa vie, y compris les plus banales, dans la confusion la plus totale.

Les membres supérieurs :

– l'épaule : elle représente la "tête de la main", c'est elle qui commande les mouvements de la main.

L' "humérus", c'est l'"homme-roi" et l'épaule est la tête de l' "homme-roi" : la liberté de l'épaule est une liberté dans le relationnel.

Toutes les pathologies de l'épaule se rapportent aux questions que nous nous posons au sujet des ordres que nous donnons à notre main, plus précisément sur la valeur de ce que nous sommes en train de faire.

Cela traduit des difficultés liées à ce que nous faisons.

– le coude : c'est le coude qui articule : il met en relation l'épaule et la main. Il est lié très spécifiquement au travail ("l'huile de coude" dans le langage populaire.)

93

Nous sommes dans le monde relatif, dans le monde affectif (milieu du corps) et le coude est "l'affectif de l'affectif" puisqu'il est le milieu du bras.

Lorsque nous disons qu'il faut "jouer des coudes", nous parlons de la façon dont nous pouvons prendre notre place parmi les autres.

- <u>les mains</u> : elles sont la partie physique du relationnel.

C'est avec la main que nous entrons en contact avec les autres.

La main parle de la façon dont nous concrétisons nos relations, de ce que nous sommes par rapport aux autres.

Notre façon de donner une "poignée de mains" est révélatrice de la manière dont nous sommes en contact avec l'autre.

La main concerne l'exécution de l'acte.

En résumé, les mains représentent le travail exécuté, alors que le coude représente le travail réalisé.

À l'articulation de la main se situe le poignet : le "poids nié."

Une pathologie du poignet est issue d'un conflit où nous nous sommes sentis niés ou non reconnus dans nos actions.

Sylviane

Née après une petite fille morte prématurément, Sylviane avait reçu le même prénom qu'elle et ses parents l'emmenaient régulièrement sur la tombe de l'enfant décédé où elle pouvait lire son propre nom.

Elle ne s'est jamais sentie reconnue pour ce qu'elle pouvait faire puisque son seul rôle était de faire vivre l'enfant disparu.

Elle souffrait d'un kyste synovial récidivant au niveau du poignet.

...DANS L'ESPACE ET DANS LE TEMPS

Le corps humain se décline aussi suivant les orientations avant, arrière et côtés :

- le devant du corps représente le futur, l'avenir, la descendance ;
- le dos se relie au passé, à l'ascendance ;
- les côtés concernent le présent, les relations dans la fratrie.

Devant : le FUTUR

Sur les côtés : le PRÉSENT

Derrière : le PASSÉ

Schéma n° 17 - Lecture spatio-temporelle du corps humain

Le côté – gauche ou droit – nous informe aussi. L'image la plus représentative étant celle du guerrier, il attaque avec son arme dans la main droite et se protège avec son bouclier dans la main gauche.

Ainsi pour le droitier :

- à gauche, côté cœur, se situe le monde de l'affectif, mais aussi du danger et de la protection ;
- à droite, se trouve le côté de l'action, de la structure, de l'attaque.

Ces valeurs sont inversées pour le gaucher.

Chaque partie du corps humain peut ainsi être relue sur ces trois niveaux énergétiques.

Il serait un peu long de détailler plus avant cette lecture, l'essentiel étant d'en retenir le principe – cf. le CIT – pour l'appliquer à tous les niveaux avec une logique absolue.

Ciel
Terre

Ces différentes lectures du corps humain sont autant de clés pour avoir des informations sur nos maladies.

En nous basant sur cette vision, nous pouvons en effet en déduire que :

- toutes les pathologies situées "vers le haut" se relient au monde masculin, au monde de l'intellect, à la relation avec l'énergie père à ce que l'on conçoit, à notre valorisation intellectuelle... ;

- toutes celles qui se situent entre le haut et le bas concernent notre affectif, notre relationnel, notre ouverture au monde ;

- toutes les pathologies situées "vers le bas" parlent de notre rapport au féminin, à l'énergie mère, de la relation à l'abandon, à la terre natale, au réel, au concret.

LES TROIS PHASES DE LA MANIFESTATION

"PROJET – RÉALISATION – CONCRÉTISATION"

Tout ce qui est manifesté dans le monde relatif est issu d'un projet.

Regardons une maison, à quoi sert-elle ?

Elle sert à nous abriter et à nous protéger.

Donc, si nous avons comme projet de nous abriter et de nous protéger, nous faisons appel à un architecte et à des entrepreneurs qui s'occuperont de la mise en œuvre et qui vont réaliser.

À la fin de cette période de réalisation, la maison est accomplie, concrétisée : c'est le "produit fini."

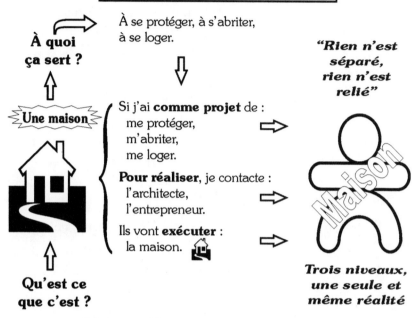

Schéma n°18 - projet, réalisation et sens de...

En résumé, cette maison a trois niveaux de lecture, dont voici quelques *critères équivalents.*

- **1er niveau** : projet, désir, dessein, idée, rêve, élan, besoin.

- **2e niveau** : *réalisation* gestation, exécution, mise en œuvre, travail, fabrication.

- **3e niveau** : *concrétisation, manifestation,* accomplissement, autonomie, produit fini, plénitude.

Ces trois niveaux sont indissociables :

<u>Le projet n'est pas dissociable de la réalisation et de la concrétisation.</u>

Lorsque nous regardons une maison, même si nous n'avons plus conscience du projet ni de la mise en œuvre qui sont à l'origine de son accomplissement, ces trois points ne sont ni reliés ni séparés : *ils appartiennent dans le même temps à une seule et même réalité non séparable.*

Ces trois niveaux existent pour tout ce qui est manifesté en ce monde.

L'homme lui aussi appartient au monde du manifesté et est soumis aux mêmes lois.

Notre Empreinte a donc trois niveaux de lecture et trois phases de développement.

Le CIT en position horizontale devient la clé de lecture pour les phases de l'Empreinte.

LES TROIS NIVEAUX DE L'EMPREINTE

Pour rappel, les trois niveaux de L'Empreinte peuvent se compléter comme suit :

1. Première partie (les neuf mois avant la conception)

   L'énergie du père est plus importante, plus marquée. Cette partie est liée aux projets, au mental, à ce que l'on conçoit, à la descendance. La *conception* parle de *l'identité* : c'est à ce moment précis qu'elle s'inscrit dans le temps et dans l'espace. La conception marque le début de notre identité biologique. La *conception est un projet* : qu'un enfant soit désiré ou non, à partir du moment où un spermatozoïde rencontre un ovule, il y a "projet – biologique – d'enfant." Il y a ici tout ce qui se projette au moment de la conception.

2. Deuxième partie (la grossesse)

   La relation entre le père et la mère sera prépondérante. Cette partie est liée à l'affectif, à la relation, aux conflits, à l'alimentation.

   La naissance marque le début de notre autonomie biologique par rapport à la mère. C'est le passage de l'identité à l'autonomie ; c'est au moment où le cordon ombilical est coupé que l'enfant devient autonome par rapport au ventre maternel (sa 1er matrice).

3. Troisième partie (les neuf mois après la naissance).

Le vécu de la mère a une imprégnation majeure particulièrement liée aux anticorps. Cette partie est liée au physique, à la concrétisation, au réel, au climat et à l'environnement, au territoire.

Le 9e mois marque le début de notre identité psychologique.

-9		C		N		+9
	Projet		Réalisation		Concrétisation	

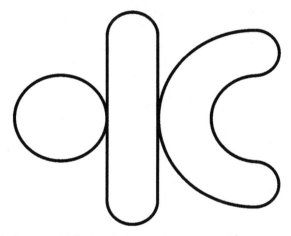

Schéma n°19 - Lecture horizontale de l'Empreinte

Puisque tout ce qui est manifesté donne sens à un projet à travers une phase de réalisation.

Chacun de nous est le sens du projet (inconscient), unique et singulier de ses parents.

4. Les lectures de l'Empreinte

En nous référant à ces informations, nous pouvons reconsidérer les circonstances de nos premiers mois d'existence pour détecter ce qui a pu être source d'imprégnation spécifique pour notre Empreinte.

Cette analyse nous permet de mettre à conscience les fragilités et les capacités qui en résultent et qui fondent notre personnalité.

PROJET ET CONCEPTION

Une fois de plus, l'important est de comprendre qu'est-ce qui se projette au moment de la conception.

Dans quel esprit l'enfant a-t-il été conçu ? A-t-il été désiré ?

Un enfant peut ne pas être désiré, mais bien accueilli quand il naît ou, au contraire, il peut être désiré mais, au moment de sa naissance, ne pas être accueilli parce que le couple parental s'est disloqué ou a changé de projet.

D'autres ne sont ni désirés ni accueillis.

Tout cela imprime des tonalités bien différentes.

S'il a été désiré, pourquoi ?

Pour lui-même en tant que tel ? Pour remplacer un enfant disparu ou pour cimenter un couple chancelant ? Pour occuper une femme qui s'ennuie ou encore pour donner un compagnon de jeu à un enfant unique ?

Quel rôle lui prévoit-on dans la famille ?

A-t-il été conçu dans le stress, dans la joie, dans l'amour, dans la contrainte ?

La tonalité du projet *initial* est un premier point d'imprégnation très important, c'est à ce moment-là que se fonde notre *identité* et les problématiques qui s'imprègnent dans cette période sont parmi les plus difficiles à résoudre. L'identité est la manière de se situer par rapport à des valeurs et un environnement.

Être conçu "sous conditions" par exemple peut avoir des conséquences non négligeables sur la vie d'un enfant et les programmations les plus lourdes concernent logiquement les conditions posées avant la conception puisqu'elles touchent directement à l'identité, c'est-à-dire à l'existence même de l'enfant.

Ce sont quasiment des "interdits d'incarnation[15]."

---

[15] Ce point est développé dans le chapitre 5 : Du conflit à la pathologie.

Rappelons que c'est le vécu et le ressenti des parents qui importent parce que l'enfant les restituera en un véritable phénomène de "copier-coller."

En général :
- un enfant non désiré mais bien accueilli sera plus tourné vers le futur ;
- un enfant désiré mais non accueilli sera plus tourné vers le passé ;
- un enfant désiré et accueilli vivra plus facilement dans le présent ;
- un enfant ni désiré ni accueilli pourrait avoir de grands problèmes d'identité, une difficulté à s'incarner.

Dans le cas d'un enfant dont les parents se sont mariés uniquement parce que la femme est enceinte sans l'avoir vraiment désiré, il "crée" le mariage de ses parents, ce qui implique qu' "il est responsable du mariage."
- si le mariage est réussi, l'enfant sera lien, favorisant les rencontres ;
- si les parents n'ont pas vraiment envie de ce mariage mais restent ensemble "pour l'enfant" tout en ressentant intimement ou inconsciemment que "s'il n'y avait pas cet enfant", ils pourraient "vivre leur vie" : cela imprime, "l'enfant empêche de vivre", c'est alors la négation de l'enfant, c'est un "contrat de mort" inconscient sur lui ;
- si les parents divorcent, l'enfant n'a dans ce cas "plus de raison d'exister" puisque son existence était la condition de ce mariage.

Un couple, ne fonctionnant pas très bien, décide, consciemment ou non, d'avoir un enfant pour consolider ou créer un lien : la fonction de l'enfant – "enfant-ciment" – est alors de relier son père et sa mère puisqu' il a été *conçu* dans ce but.

Si ses parents divorcent, cet enfant perd le sens de son existence puisque son programme est de *faire le lien*.

Ce sont de grands programmes de dévalorisation : l'enfant est en échec par rapport à son programme de vie, *il n'a plus d'identité*.

Comme nous l'avons précisé, les programmes touchant à des conflits d'identité sont parmi les plus difficiles à résoudre.

Zoé – "enfant-ciment" projet

La mère de Zoé déçue par son mariage accepte d'avoir un enfant (souhait de son mari) en pensant que cela pourrait redonner un équilibre à son couple.

Malheureusement, le couple divorce alors que Zoé a 3 ans.

Pendant toute sa jeunesse, Zoé s'est vécue en échec permanent : elle était obsédée par le lien que, suivant son programme, elle croyait devoir absolument garantir, non seulement entre ses parents mais dans toutes ses relations affectives.

En effet, puisqu'elle était née pour "cimenter le lien", tout lien brisé la mettait en danger de mort.

Elle niait sa propre sensibilité, acceptant tout de ceux avec qui elle nouait une relation affective au risque d'en être détruite pour que le lien ne soit pas rompu.

Ce qui arrivait fatalement, était vécu comme "un échec de plus" et la plongeait immanquablement dans des crises de profonde dévalorisation.

À la suite d'un travail en bioanalogie, en prenant conscience de ce programme, elle a réalisé qu'elle n'était pas "gardienne du lien." Elle a pu s'autoriser à écouter ses demandes profondes sans avoir à passer par l'obligation de préserver, au détriment d'elle-même, le lien avec les autres.

Martine (projet)

La conception de Martine est issue des rapports forcés que son père a imposés à sa mère. Celle-ci raconte qu'elle "n'a pas eu le choix, qu'elle n'a pas pu se défendre parce qu'elle ne faisait pas le poids."

Il y a donc une notion d'impuissance – elle ne pouvait rien faire pour éviter de subir le désir de son mari – et a éprouvé le regret de ne pas avoir été plus forte pour pouvoir se défendre.

Nous avons déjà vu que, biologiquement, la thyroïde gère la puissance dans l'action.

Dans sa vie, Martine a une sensation permanente de contrainte et comme le ressenti de sa mère est qu'elle n'a pas pu se défendre parce que, face à son père, "ne faisant pas le poids, elle était impuissante", Martine a eu un cancer de la thyroïde et elle a été confrontée à un problème de surpoids.

Une rupture sentimentale brutale a été le facteur déclenchant de son cancer et d'une prise de poids importante : cette situation a en effet réactivé l'impression de "ne pas faire le poids" et d'être totalement impuissante face à la décision de l'autre.

RÉALISATION ET GESTATION

Quelle est la réaction des parents à l'annonce de la grossesse (heureux, ennuyés, hostiles) ?

Que s'est-il passé pendant la période de la gestation ?

Ont-ils un souhait particulier (fille ou garçon) ? Ce souhait est-il très fort ? Exclusif ?

Si la condition est *posée après la conception* : "Je suis enceinte et je veux que ce soit une fille", la programmation est un peu moins forte : cela ne remet plus en cause l'existence de l'enfant (sa vie n'est pas remise en question), mais il peut avoir du mal à se situer en tant qu'être masculin ou féminin.

La grossesse s'est-elle déroulée sans problème ?

Y a-t-il des événements familiaux importants, décès, naissances, mariages ?

L'attente de l'enfant est-elle joyeuse ou contrainte ?

La mère est-elle en bonne santé, fatiguée, stressée ?

La grossesse est-elle arrivée à son terme ou est-ce une naissance prématurée ?

Le fait d'être prématuré ne programme rien en soi, tout dépendra du ressenti de la mère à ce moment-là : si ce ressenti est de l'angoisse parce qu'il "manque" un mois et demi de gestation à son enfant, cela programmera en lui une sensation de manque permanent et ce sera le type de personne à qui "il manquera toujours quelque chose" dans la vie.

Mais ce peut être aussi la sensation que l'aboutissement du projet et/ou de la réalisation sont "escamotés" au moment de l'accomplissement, ce qui se traduira chez l'enfant par une difficulté à mener ses projets et ses actions jusqu'à leur terme.

Une mère peut ressentir simplement une impression de "libération" plus rapide ou alors avoir l'impression que cette arrivée précoce la prend au dépourvu.

En avance ou en retard ?

Sonia est née en juillet alors qu'elle était prévue pour la fin août.

Sa mère, heureuse d'échapper ainsi à une fin de grossesse rendue pénible par les très fortes chaleurs de cet été-là a pensé : "Elle est prête avant les autres et c'est très bien !"

De fait, Sonia, enfant précoce, est toujours en avance sur les autres, aussi bien dans sa vie quotidienne que dans sa vie scolaire !

*Alors que **Damien**, qui a également surpris tout le monde par une naissance prématurée n'est, quant à lui, jamais prêt au bon moment... En effet, sa mère, à l'annonce de cette arrivée plus tôt que prévu, s'est écriée : "Mon Dieu, mais je ne suis pas prête !"*

LES "ENFANTS DE L'ANGÉLUS"

Il est important de savoir si nous avons été conçus après un enfant disparu prématurément parce que dans ce cas, l'imprégnation de naissance est très forte.

Qu'il s'agisse d'une fausse couche, d'une IVG ou d'une mort plus tardive, tout enfant disparu laisse une empreinte tenace dans l'inconscient parental, à divers degrés de profondeur, mais dont il faut toujours tenir compte.

Notons que biologiquement, fausses couches et IVG sont prises en compte à part entière en terme d'enfants dans la famille.

SALVADOR DALI, 1 ET 2...

M. et Mme Dali avaient un fils, Salvador, qui faisait leur bonheur.

Un jour, alors qu'ils se promenaient en famille, l'enfant – qui avait 7 ans – a fait une chute mortelle.

Comme on peut l'imaginer, ce fut un drame épouvantable pour ses parents.

Peu de temps après, ils ont conçu un autre enfant... qu'ils ont prénommé Salvador...

Tout le monde connaît la carrière de cet artiste génial, mais on ignore peut-être qu'il avait une particularité : il éprouvait une véritable fascination pour le tableau de Millet qui se nomme *l'Angélus*. Dans nombre de ses œuvres, on retrouve, ici ou là, des éléments de l'Angélus, soit les personnages, soit la brouette, soit le sac de pommes de terre.

Dans un de ces tableaux notamment, Dali s'est représenté en dompteur, un pied sur un sac de pommes de terre, une main tournée, paume en l'air, vers le ciel et, au-dessus de sa main, il a peint un enfant, sorte d'angelot, tête en bas qui lui souffle dans la main...

Il y a quelques années, *l'Angélus* de Millet a été passé au scanner et cette opération a révélé qu'il ne représentait pas un couple en prière à l'heure de l'Angélus comme on le pensait jusqu'alors : en fait, le sac de pommes de terre cachait le corps d'un enfant mort.

À cette époque, la mortalité infantile était très importante et les gens pauvres n'avaient pas toujours les moyens de payer une sépulture à leurs enfants disparus en bas âge. Il était alors fréquent qu'ils les enterrent eux-mêmes, dans un champ.

Dali n'a jamais eu connaissance de cette découverte, mais à la lumière de l'étude de ses conditions de naissance, sa passion pour ce tableau trouve tout son sens. Avec étonnement, j'ai pu constater lors de nombreux stages que beaucoup de personnes qui étaient concernées par cette histoire avaient eu au cours de leur vie un lien ponctuel ou durable avec ce tableau. Elles racontent qu'à un moment de leur existence, elles ont été "percutées" par ce tableau

105

qui les a fascinées ou émues aux larmes au point qu'elles s'en souviennent toutes avec émotion.

Si nous écoutons bien le nom de ce tableau : *l'Angélus* de Millet nous entendons : "l'ange élu, demi, est."..

"Élu" à demi, il ne peut vivre sa vie pleinement... Les personnes nées dans ces conditions pourraient se nommer les "enfants de l'Angélus."..

Toutes ont pour point commun d'avoir été conçues après la disparition d'un autre enfant (IVG, fausse couche, maladie ou accident) et ont, de ce fait, beaucoup de mal à prendre *leur place* – une place entière – toujours occupée, dans l'inconscient des parents, par l'enfant disparu avant eux.

Comme nous l'avons vu, pour l'animal, la survie de l'espèce est l'essence même de l'existence, ce qui signifie que *pour le cerveau biologique, la mort d'un enfant est inconcevable : au niveau de l'inconscient cellulaire animal, il est impossible de faire le deuil d'un enfant.*

Pour les parents, l'enfant qui naît après un enfant mort n'est pas vécu comme un "enfant de remplacement" mais comme un "leurre" dont le rôle est d'agiter la marionnette inerte, afin de leur donner l'illusion qu'elle vit.

En d'autres termes, *il n'est pas un enfant – différent – mais un corps chargé de continuer à faire vivre l'enfant disparu : c'est un "vivant- mort."*

Souvent ces enfants n'ont pas d'existence propre : il n'est alors pas exagéré de considérer que leur date de conception est en fait celle du frère ou de la sœur qu'il leur est demandé, consciemment ou inconsciemment, de faire revivre à travers eux.

Et ceci, quelle que soit la volonté des parents de faire le deuil : tant qu'ils ne prennent pas conscience de cet état de fait, c'est leur enfant disparu qu'ils voient vivre à travers l'enfant suivant.

Ce sont de grandes programmations de dépression, de dévalorisation, de problèmes d'identité et de conflits de territoire.

En réalité, les enfants nés dans de telles circonstances ne peuvent commencer à vivre vraiment – en se réappropriant leur existence – qu'après avoir pris conscience de leur histoire et généralement, cela suffit à changer totalement leur regard sur la vie : c'est pour eux une véritable (re-) naissance !

Mais, il est très courant que des personnes concernées par cette situation ignorent totalement l'existence de l'enfant disparu, particulièrement lorsqu'il s'agit d'IVG ou de fausse couche. En effet, peu de mères en font état en présence de leurs enfants.

C'est souvent à l'occasion de recherches, comme celles qui sont préconisées avant une participation à un séminaire de bioanalogie, que ces personnes apprennent que leur naissance a eu lieu après la disparition d'un autre enfant.

En tant que parents confrontés à cette situation, il est important de parler avec l'enfant qui naît après un enfant mort pour désamorcer le conflit en lui racontant l'histoire de sa naissance.

Ayant pris conscience de cette loi biologique, nous sommes en mesure de le rassurer, en lui expliquant que même si la mort de l'enfant précédent a été source de beaucoup de peine, nous savons *qu'il est un autre enfant et qu'il est accueilli pour ce qu'il est, dans sa totalité.*

Cela implique en fait que le deuil du précédent enfant soit passé par la conscience humaine, qu'il soit réel et non "enfoui" – donc non résolu – dans l'inconscient animal[16].

L'ACCOUCHEMENT

S'est-il passé normalement ? A-t-il été programmé ?

Déclenché artificiellement ? A-t-il eu lieu sous anesthésie, par césarienne, avec forceps ?

Était-ce un médecin accoucheur ou une sage-femme ?

---

[16] Le traumatisme qu'est la perte d'un enfant est tellement fort que l'imprégnation de naissance peut se faire même si cette perte remonte à une période antérieure aux vingt-sept mois autour de la naissance de l'enfant suivant : en effet, une nouvelle conception ne peut que réactiver le drame initial et rappelons-le, le cerveau biologique ne peut pas faire le deuil d'un enfant.

S'est-il déroulé à la maison ou dans une clinique ?

À quelle heure a commencé le travail ? À quelle heure a eu lieu la délivrance ? L'accouchement a-t-il été facile ou particulièrement douloureux ?

Quel était le ressenti de la mère à ce moment-là ? Est-ce la joie ou la douleur qui a prévalu ?

Rappelons que la naissance est liée à l'autonomie.

Les programmes de naissance auront donc trait à des problématiques d'autonomie et non plus d'identité comme au moment de la conception.

Toutes les formes d'anesthésie à la naissance qui se relieront au vécu : "Pour faire naître mon enfant, je ne veux pas souffrir, je préfère ne rien ressentir" peuvent imprégner l'enfant d'un profil de toxico-dépendance par le besoin de fuir tout ressenti douloureux à l'aide de produits comme l'alcool ou autres drogues.

Une naissance sous anesthésie au moment de la délivrance qui peut signifier : "Au moment de faire naître mon enfant, je disparais (je m'endors)" peut se traduire chez l'enfant par un affaiblissement dans la puissance de l'action (hypotension ou hypoglycémie).

Une mère que l'on anesthésie seulement au moment de l'expulsion, alors qu'elle a vécu et souffert consciemment tout le temps du travail, peut en ressentir une grande frustration parce qu'elle ne peut pas recueillir (accueillir) le résultat de ses efforts. Ce qui imprime chez son enfant : "je n'ai pas droit à l'accomplissement, à la jouissance du fruit de mon travail."

Naissance sous anesthésie (concrétisation - autonomie).

La mère de Marion a été anesthésiée progressivement d'heure en heure (à l'aide d'un masque, ce qui lui donnait, dit-elle, l'impression de mourir à petit feu...)

Elle a connu les souffrances durant la plus grande partie du travail – même si de plus en plus amoindries – mais au moment de la naissance proprement dite de sa fille, elle était complètement inconsciente. Elle n'a pu la voir que plusieurs heures après sa venue au monde et a ressenti regret et frustration de "ne pas avoir été là."

Elle n'a pas pu "accoucher de son projet."

Elle n'a pas pu mener à bien son projet, ce qui ampute l'action d'accomplissement : "Elle n'a pas droit au fruit de son travail, de son attente."

Marion n'a pas de problème au niveau des projets et elle réalise assez bien la plupart de ces projets, mais dès qu'ils approchent de leur accomplissement, moment où elle pourrait se réjouir devant la tâche effectuée, elle se sent déprimée, comme vide.

Par son imprégnation de naissance, Marion ne peut pas recueillir le fruit de son travail ou n'a pas droit à la jouissance de celui-ci.

Elle a également gardé de ces conditions de naissance un grand attrait pour les anesthésies : elle a vécu ses deux expériences d'anesthésie totale avec un sentiment de bien-être profond, une sorte de "retour aux sources."

D'autre part, elle a été confrontée à des tendances toxico dépendantes à différents moments de sa vie (médicaments, tabac, alcool).

Une naissance avec le cordon autour du cou se traduira par : "Si j'expulse l'enfant, il meurt" puisque, si la mère essaie de le faire naître, il s'étrangle.

Le vécu qui s'imprime est : "Si je fais naître mon enfant, je le tue."

La naissance étant liée à l'autonomie, l'enfant qui aura cette imprégnation restera près de sa mère – relation fusionnelle – parce que s'il s'en éloigne, "il est en danger de mort."

Une naissance aux forceps peut être ressentie par la mère comme une impuissance à mener son projet à terme sans y être aidée : l'enfant pourra toute sa vie ressentir un besoin d'aide pour réaliser ses actions jusqu'au bout.

Un accouchement déclenché artificiellement peut se traduire chez l'enfant par "J'ai besoin qu'on me pousse pour entrer dans l'action", ce qui lui donnera une personnalité indécise ou attentiste : si on ne le pousse pas à l'action, il aura du mal à trancher au moment des choix et à concrétiser ses projets.

Le choix de la date d'accouchement

C'est la sage-femme qui a décidé du moment où la mère de Catherine allait accoucher.

Le vécu de cette mère a été "je n'ai pas le choix, c'est elle qui décide pour moi."

Depuis toujours, Catherine en veut profondément à sa mère parce qu'elle pense que celle-ci ne lui a laissé aucun choix dans sa vie et qu'elle a décidé à sa place pour tout ce qui la concernait.

C'est son programme de naissance qu'elle exprime : "je n'ai pas droit au choix de mes actions, ce n'est pas moi qui décide."

Passer à l'acte

La naissance de Marine a été déclenchée artificiellement parce que sa mère avait "perdu les eaux" et dans ce cas, la naissance doit intervenir rapidement pour éviter tout risque d'infection. Le vécu de la mère est qu'elle n'a pas eu la décision de l'acte, on lui impose l'accouchement (pour raison médicale).

Marine a été imprégnée de ce ressenti et elle éprouve des difficultés pour décider et passer à l'acte dans sa vie. Elle demande souvent à son entourage de la "booster" et reconnaît qu'elle préfère que la vie la mette en situation d'agir sans avoir à le décider vraiment : ce qui lui est imposé lui convient mieux que ce qui relève de sa propre décision, toujours très difficile à prendre. Son imprégnation est : "L'acte ne m'appartient pas, je n'ai pas droit à l'acte."

LA CONCRÉTISATION OU AUTONOMIE

Cette période s'étend de la naissance à + 9 mois et là encore beaucoup de choses vont s'imprimer dans le programme de l'enfant suivant ses conditions de naissance et l'accueil qu'il reçoit de la part de ses parents en venant au monde. Toutes les tonalités sont envisageables et toutes ont une incidence particulière sur sa vie, elles génèrent des mécanismes et réactions inconscientes qui feront partie intégrante de lui-même.

Par quelles personnes de la famille l'enfant a-t-il été accueilli ? Quelles phrases ont été prononcées ? Quelle ressemblance ou futur trait de caractère d'un des membres de la famille lui a-t-on attribués ?

L'enfant est-il allaité au sein ou nourri au biberon ? Sevré rapidement ou tardivement ? Mis en nourrice ? Est-ce la mère ou le père qui materne le plus ?

Le moindre détail est important et imprime durablement des programmes spécifiques, suivant la situation toujours unique.

Il y a, bien sûr, beaucoup d'autres cas de figure possibles mais pour une analyse correcte, il est fortement recommandé de partir de l'étude précise d'une histoire réelle : il serait hasardeux d'accumuler des généralités et de vouloir les appliquer à des situations uniques, donc incomparables par définition.

Aussi, les exemples cités ne sont que des échantillons de cas possibles pour nous initier à ce mode de lecture particulier, en indiquant une manière d'appréhender les événements et les informations afin de les considérer sous un angle un peu inhabituel.

LES DIFFÉRENTS CYCLES "PROJET / RÉALISATION / CONCRÉTISATION" AU SEIN DE L'EMPREINTE

La *naissance* est aussi le *projet* de l'autonomie psychologique qui se *développe* pendant les neuf mois suivant la naissance pour s'accomplir à + neuf mois.

De même, la *conception* n'est pas dissociable *d'un projet de conception* qui se situe dans la période des – neuf *mois* et elle en est *l'accomplissement,* mais elle est aussi le *projet* de la *naissance,* comme on l'a vu précédemment.

Ainsi, chaque phase est en même temps le projet et la concrétisation de la phase qui la suit ou qui la précède.

Par analogie, le plafond d'une pièce est le sol de celle de l'étage supérieur, de même que le sol de cette même pièce est le plafond du garage, ils ne sont pas dissociables. C'est le regard que l'on porte qui donne ce sens ou cet autre sens au même événement, les deux étant indissociables l'un de l'autre.

La phase avant la conception :
- – neuf mois avant la conception : c'est la conception de la conception (projet) ;
- le temps de – neuf mois à la conception : c'est la réalisation du projet ;
- la Conception : c'est la concrétisation du projet (c'est l'identité biologique.)

Les neuf premiers mois :
- la naissance : c'est le début (conception) de la conception de l'autonomie ;
- le temps de la naissance à + neuf mois : c'est la réalisation de l'autonomie (maturation) ;
- + neuf mois : c'est l'autonomie biologique, (l'accompli, le fini), ou le début de l'identité psychologique.

Pour chaque phase de l'Empreinte
"Projet-Réalisation-Concrétisation"

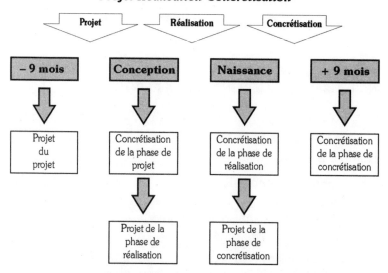

Schéma n° 20 - Pour chaque phase de l'Empreinte : projet-réalisation-concrétisation

[annotations manuscrites : CIEL / incarnation / terre ; mental / affectif / physique]

Ce schéma en trois phases projet / réalisation/ concrétisation se relie à notre clé de lecture, le CIT.

Comme nous l'avons dit, cette clé – en fait, un "passe-partout" ! – permet de lire tout ce qui est manifesté dans l'univers.

Nous pourrions ainsi résumer la structure de chaque phase de l'empreinte avec ce tableau :

−9mois	Identité	Conception	Réalisation	Naissance	Autonomie	9e mois
	Projet		Réalisation		Concrétisation	
	Énergie du père		Énergie père/mère		Énergie de la mère	
	Projets et conception		Conflits		Climat et environnement	
	Mental		Affectif		Physique	
	Descendance		Alimentation		Territoire	

Résumé

L'univers est construit sur des lois précises qui impliquent une lecture en trois niveaux.

L'homme met en relation le ciel et la terre : ils ne sont ni reliés, ni séparés mais indissociables.

Comme tout ce qui est manifesté dans l'univers, le corps humain se lit sur trois niveaux.

L'homme vit sur trois plans : mental, affectif, physique.

Énergie du père /ciel : conception, *mental*.

Énergie enfant /homme : relation, *affectif*.

Énergie terre /mère : concret, *physique*.

Le symbole de la clé de lecture en trois niveaux est : le CIT (*prononcer "site"*).

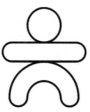

L'Empreinte – histoire gravée durant les ving-sept mois – peut être décomposée en trois phases, indissociables :

- Projet : de – neuf mois à la conception : identité (plus marquée par l'énergie du père).

- Réalisation : de la conception à la naissance : mise en œuvre (énergie de relation /père /mère = enfant).

- Concrétisation : de la Naissance à + neuf mois : Autonomie, manifestation (+ marquée par l'énergie de la mère).

Chaque phase pouvant elle-même être décomposée suivant le même principe.

Ce schéma en trois parties indissociables est une clé de lecture universelle : elle peut s'appliquer à tout le monde de la Manifestation.

CHAPITRE 4

Les cycles de l'Empreinte

UNE VIE D'EMPREINTE EN EMPREINTE

Gravée en nous comme une cassette enregistrée, l'Empreinte de vingt-sept mois est notre programme de base : *pour notre cerveau biologique, ce programme est "celui qui donne la vie." Dès lors, il est pour lui le seul programme possible et il l'exécute en permanence de vingt-sept mois en vingt-sept mois.*

Rappelons-nous que notre biologie est issue de la mémoire animale et que l'animal a pour objectif d'assurer la survie de l'espèce. Ainsi pour nous tous ces vingt-sept mois – correspondant à notre inconscient biologique cellulaire – représentent la vie et, pour être sûrs de continuer à vivre, nous recommençons indéfiniment l'histoire inscrite dans cette période. Tout cela parce que cette histoire nous a permis de vivre et que notre cerveau ne connaît que cette histoire unique.

En d'autres termes, c'est parce que chacun de nous a recommencé son Empreinte de naissance, sous forme cyclique, tout au long de son existence, qu'il est vivant à ce jour et, lisant depuis toujours la vie à travers cette Empreinte, nous ne pouvons exister que de cette façon-là : nous n'imaginons tout simplement pas qu'il y ait une autre façon de vivre.

UN RADAR INDIVIDUEL INTÉGRÉ

Notre Empreinte de naissance est un archétype qui capte tout ce qui lui correspond : cette forme est comme un radar qui tout au long de notre vie sélectionne absolument tous les paramètres qui lui correspondent et uniquement ceux-là.

Par analogie, imaginons qu'après avoir consulté les programmes de télévision, quelqu'un décide de choisir un film parmi ceux qui sont proposés par les différentes chaînes.

Ce soir-là, les films sont les suivants :

- 1ère chaîne : *"Je suis un tueur."*
- 2e chaîne : *"Je suis immobilisé."*
- 3e chaîne : *"Je dois résister."*
- 4e chaîne : *"Je ne fais pas le poids,"* etc.

À l'aide d'une télécommande, il oriente l'antenne de télévision en direction de la *cible* correspondante pour capter le film qu'il souhaite regarder.

De la même façon, notre cerveau, ordinateur surpuissant, capte parmi tous les événements de la vie ceux qui répondent à notre programme.

C'est pourquoi, rencontrer telle ou telle personne ou vivre tel ou tel événement ne relève jamais du hasard : ceux-ci correspondent exactement au programme enregistré en nous à travers notre Empreinte.

Partant de ce principe, en reprenant les quatre points fondateurs de notre Empreinte de naissance et ses trois phases indissociables :

- nous relisons notre conception à : 1 ans et 6 mois, à 3 ans et 9 mois, à 6 ans, etc ;
- nous relisons notre naissance à : 2 ans et 3 mois, à 4 et 6 mois, à 6 ans et 9 mois, etc ;
- nous relisons les périodes des – neuf mois et des + neuf mois à : 3 ans, 5 ans et 3 mois, 7 ans et 6 mois, etc.

"Relire" signifie interpréter la vie avec *les mêmes tonalités que notre empreinte de naissance.*

116

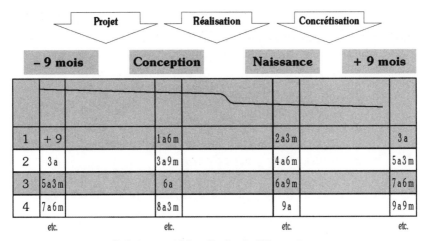

Schéma n°21 - Cycle de l'Empreinte
de vingt-sept mois en vingt-sept mois.

Ces trois phases de l'Empreinte sont notre structure de base et cette structure sert de support à toute notre vie, de vingt-sept mois en vingt-sept mois, à partir de notre 9e mois de vie.

Prendre conscience de cette structure, unique, peut nous aider à changer totalement de regard sur nous-même et sur notre vie.

Arlette

Arlette est régulièrement sujette à des phases maniaco-dépressives.

Au moment de sa naissance, ses parents habitaient chez les parents du jeune homme, à la campagne et il y avait de perpétuels conflits entre la belle-mère et la jeune femme, la première n'ayant jamais accepté la seconde et celle-ci avait bien du mal à trouver sa place dans la famille de son mari.

Le jour de la naissance d'Arlette, son père était allé chercher le médecin, mais celui-ci, dénué de toute compassion, avait affiché une attitude de critique et de mépris vis-à-vis de la jeune femme pendant tout l'accouchement, se moquant ouvertement de ses cris et de sa souffrance. Elle a très mal vécu cette épreuve : pour elle, "cet homme a plutôt agi comme un vétérinaire que comme un médecin."

Ne se sentant pas chez elle dans cette maison hostile, la mère d'Arlette n'était pas intégrée dans la famille et son mari ne l'a pas soutenue ni vis-à-vis de sa mère ni en face de ce médecin : il ne lui était d'aucun secours.

Elle n'avait personne sur qui s'appuyer, elle s'est sentie exclue, perdue : sans repères, loin de sa famille.

Nous retrouvons là, le "syndrome du mouton perdu" dont nous avons parlé précédemment.

Pour Arlette, la psychose maniaco-dépressive exprime l'imprégnation en programme du ressenti de sa mère qui ne sait pas à qui, ni à quoi se relier.

Ainsi, à chaque fois qu'Arlette passe de phase d'excitation en phase de dépression, cela s'apparente à ce que vit le mouton égaré : soit elle retrouve "son troupeau", elle a ses repères, soit elle ne sait plus à quoi, ni à qui se relier et perd toute son énergie.

Pour la conception d'Arlette, sa mère était heureuse à l'idée d'être mère : pour elle, cette maternité allait donner un sens sa vie.

Arlette démarre ses projets avec confiance et enthousiasme (phase maniaque, active : projet). Lorsqu'elle est en phase maniaque, rien ne l'arrête, tout est possible...

Mais au moment de l'échéance de son projet, elle a peur de ne pas pouvoir le mener à terme (phase de concrétisation). Mener un projet à terme s'apparente à "accoucher."

Dans l'histoire d'Arlette (à travers son programme) : "accoucher, c'est l'horreur, c'est être perdue loin de sa famille", c'est bien ce qu'a vécu sa mère au moment d'accoucher.

En résumé, dès qu'Arlette trouve une orientation, quelque chose sur quoi s'appuyer, elle conçoit un projet et sait le mettre en place mais, avec son programme, dès qu'elle arrive au terme du projet, elle se sent perdue, isolée et en danger.

Son imprégnation fait qu'Arlette ne peut pas mener un projet à terme (phase dépressive).

LA LIGNE DE VIE

Pour dégager la structure de son Empreinte, il faut tout d'abord établir sa ligne de vie, c'est-à-dire noter, de neuf mois en neuf mois, dans un tableau, les dates personnelles auxquelles on a eu 9 mois, 1 an et 6 mois, 2 ans et 3 mois, 3 ans, etc. jusqu'à ce jour.

Dans une colonne adjacente sont indiqués les événements marquants de chaque période sans s'occuper ni du ressenti, ni de l'interprétation qui en est faite.

En effet, ce qui va être déterminant pour nous c'est la structure de l'événement que nous allons inscrire dans une deuxième colonne de notre tableau.

Cette notion est très importante et nécessite d'être bien comprise pour l'étude de l'Empreinte.

Age quand on a …	Date la date est...				Age	Lieu	Évènement
9 mois		de	0	à	9 mois		
1 an et 6 mois		de	9 mois	à	1 an et 6 mois		
2 ans et 3 mois		de	1 an et 6 mois	à	2 ans et 3 mois		
3 ans		de	2 ans et 3 mois	à	3 ans		
3 ans et 9 mois		de	3 ans	à	3 ans et 9 mois		
4 ans et 6 mois		de	3 ans et 9 mois	à	4 ans et 6 mois		
5 ans et 3 mois		de	4 ans et 6 mois	à	5 ans et 3 mois		
6 ans		de	5 ans et 3 mois	à	6 ans		
6 ans et 9 mois		de	6 ans	à	6 ans et 9 mois		

Age quand on a …	Date la date est...				Age	Lieu	Évènement
7 ans et 6 mois		de	6 ans et 9 mois	à	7 ans et 6 mois		
8 ans et 3 mois		de	7 ans et 6 mois	à	8 ans et 3 mois		
9 ans		de	8 ans et 3 mois	à	9 ans		
9 ans et 9 mois		de	9 ans	à	9 ans et 9 mois		
10 ans et 6 mois		de	9 ans et 9 mois	à	10 ans et 6 mois		
		de	10 ans et 6 mois	à	etc.		

Nous retiendrons les événements les plus marquants de notre existence en restant dans une certaine objectivité en commençant par situer quelques événements types :

- sevrage ;
- première entrée en nourrice, crèche, école etc ;
- baptême, communion solennelle ou privée ;
- naissance ou décès des frères et sœurs ;
- premier amour ;
- première relation sexuelle ;
- première rupture ;
- décès des grands-parents, des arrières grands-parents ;
- bac – entrée en fac – diplômes ;
- autonomie (par rapport à la famille) ;
- premier travail ;
- déménagement ;
- rencontre, fiançailles, etc ;
- naissances dans la famille, mariages, etc ;
- étapes professionnelles marquantes.

Puis, le cas échéant, des événements plus spécifiquement personnels : Chômage, divorce, deuils, accident ou maladie dans l'entourage proche, pour soi.

Cycle structurel de bioanalogie

Qu'y a-t-il de commun entre l'épi de blé et le grain de blé ?

Leur structure...

Cette structure est impalpable, intangible mais elle est constante.

L'épi de blé a développé la structure du grain, mais il ne l'a pas modifiée : quelles que soient les circonstances extérieures à son développement (sécheresse, grêle, etc.), leur structure commune – leur vecteur de vie – reste inchangée.

Schéma n°22 - Le grain et l'épi

Les émotions ou interprétations représentent le *"contenu"* de cette structure, mais pour nous *l'essentiel est la structure elle-même.*

L'étude des cycles de l'Empreinte se base sur la *structure* des événements rencontrés. Par exemple, un divorce peut être vécu en termes *de séparation douloureuse, c'est le contenu de l'événement. Mais la structure est le potentiel de se séparer, de se détacher de ce qui nous empêche d'évoluer.*

On parle seulement de structure, il n'est pas question ici de juger l'événement.

Dans ce cas, nous ne retiendrons pour *l'analyse* de l'Empreinte que *l'expérience* (séparation, autonomie) qui sera revécue dans les cycles, sous une forme ou une autre et qui *en termes de structure* correspond à une *énergie de dissociation, de coupure.*

Notons que lorsque nous considérons l'énergie d'un événement, il ne s'agit plus de le qualifier – en notion de "bien" ou de "mal", d' "heureux" ou de "malheureux" – : c'est une structure émotionnellement neutre.

Ainsi, nous *retiendrons l'expérience, la structure de chaque événement et non, leur charge émotionnelle.*

Ce sont *les énergies dont les événements sont vecteurs et qui ont informé la structure de notre Empreinte* qui nous permettent de déterminer les tonalités de ses différentes phases. *Mais nous ne sommes pas obligés de les vivre dans la même tonalité en termes de contenu émotionnel.*

Nous avons vu que la structure du monde manifesté est en trois niveaux et peut être représentée symboliquement par le CIT :

Il s'agit d'une structure universelle, mais chacun de nous a, de plus, une structure individuelle et unique : l'Empreinte.

Nous utilisons le tableau des phases de l'Empreinte d'une manière la plus synthétique possible.

Ces événements vont se retrouver dans une des trois colonnes ou "panier." Ne "pas-nier", c'est regarder la réalité de l'événement.

Pour en faciliter la lecture, nous parlerons de colonne 1, 2,3. **1** pour la colonne *projet*, **2** pour la colonne *réalisation*, et **3** pour la colonne *concrétisation*. Nous parlerons d'imprégnation pour la phase parentale, et de vécu personnel pour le sujet.

Notons que les trois colonnes où se retrouvent ces événements ne relèvent plus *d'une lecture chronologique : elles sont à lire hors du temps.* En effet, comme nous le verrons bientôt, la guérison implique de passer de la pensée à la conscience et pour cela il faut sortir du temps chronologique afin d'accéder au présent, au "maintenant."

La lecture des événements va nous permettre de découvrir dans quelle dynamique (pertes, rencontres, obstacles), notre Empreinte s'est inscrite de phase en phase.

Nous pouvons alors dégager la structure de notre Empreinte en tant que vecteur de notre vie.

	CYCLE STRUCTUREL DE BIOANALOGIE					
	– 9 mois avant	CONCEPTION		NAISSANCE		*+ 9*
	Date cible	*Projet*	**Date cible**	*Réalisation*	**Date cible**	*Concrétisation*	**Date cible**
0	+9		1a6m		2a3m		**3a**
1	**3a**		3a9m		4a6m		5a3m
2	5a3m		**6a**		6a9m		7a6m
3	7a6m		8a3m		**9a**		9a9m
4	9a9m		10a6m		11a3m		**12a**
5	**12a**		12a9m		13a6m		14a3m
6	14a3m		**15a**		15a9m		16a6m
7	16a6m		17a3m		**18a**		18a9m
8	18a9m		19a6m		20a3m		**21a**
9	**21a**		21a9m		22a6m		23a3m
10	23a3m		**24a**		24a9m		25a6m
11	25a6m		26a3m		**27a**		27a9m
12	27a9m		28a6m		29a3m		**30a**
13	**30a**		30a9m		31a6m		32a3m
14	32a3m		**33a**		33a9m		34a6m
15	34a6m		35a3m		**36a**		36a9m
16	36a9m		37a6m		38a3m		**39a**
17	**39a**		39a9m		40a6m		41a3m
18	41a3m		**42a**		42a9m		43a6m
19	43a6m		44a3m		**45a**		45a9m
20	45a9m		46a6m		47a3m		**48a**
21	**48a**		48a9		49a6m		50a3m
22	50a3m		**51a**		51a9m		52a6m
23	52a6m		53a3m		**54a**		54a9m
24	54a9m		55a6m		56a3m		**57a**
25	**57a**		57a9m		58a6m		59a3m
26	59a3m		**60a**		60a9m		61a6m
27	61a6m		62a3m		**63a**		63a9m
28	63a9m		64a6m		65a3m		**66a**
29	**66a**		66a9m		67a6m		68a3m
30	68a3m		**69a**		69a9m		70a6m
31	70a6m		71a3m		**72a**		72a9m
32	72a9m		73a6m		74a3m		**75a**
33	**75a**		75a9m		76a6m		77a3m
34	77a3m		**78a**		78a9m		79a6m
35	79a6m		80a3m		**81a**		81a9m
36	81a9m		82a6m		83a3m		**84a**
37	**84a**		84a9m		85a6m		86a3m
38	86a3m		**87a**		87a9m		88a6m
39	88a6m		89a3m		**90a**		90a9m
40	90a9m		91a6m		92a3m		**93a**
41	**93a**		93a9m		94a6m		95a3m

À LA LECTURE DE L'EMPREINTE, LES ÉVÉNEMENTS PRENNENT SENS

Sophie

Avant sa conception, la mère de Sophie a fait une fausse couche.

Enceinte de Sophie, elle a pris un médicament en vogue à l'époque pour empêcher une nouvelle fausse couche.

Le vécu et le ressenti de la mère en l'occurrence était : "Je prends une nourriture supplémentaire (sous forme de médicaments) pour garder l'enfant en vie."

Cela programme dans le cerveau biologique : "Il faut nourrir plus l'enfant pour qu'il ne meure pas."

À un moment de sa vie, Sophie doit pratiquer une IVG, puis plus tard elle fait une fausse couche.

Pour le cerveau biologique, dans les deux cas, un enfant a été conçu et cet enfant meurt. C'est un conflit au niveau de la survie et comme le programme imprégné en Sophie est "pour que l'enfant ne meure pas, il faut le nourrir plus", il déclenche par deux fois une hypertrophie de la glande mammaire afin d'augmenter sa capacité nourricière.

Cette IVG et cette fausse couche ont été les facteurs déclenchants des deux cancers du sein successifs de Sophie.

La date de la fausse couche de la mère de Sophie se trouve dans la 1ère colonne (phase projet) Dans cette même colonne Sophie trouve les deux dates auxquelles ses deux atteintes cancéreuses ont été diagnostiquées.

Il s'agit bien de la relecture de la fausse couche de sa mère.

Colonne 1 : Projet	**C** Colonne 2 : Réalisation	**N** Colonne 3 : Concrétisation
Imprégnation (vécu de la mère) Fausse-couche et prise de médicament		
Vécu personnel de Sophie IVG Fausse-couche 1ᵉʳ cancer du sein 2ᵉᵐᵉ cancer du sein		

Félix

À sa naissance, Félix avait été étranglé par son cordon ombilical et avait été réanimé par des frictions à l'eau-de-vie.

Symboliquement, l'eau-de-vie est la rencontre du père et de la mère : l'eau / énergie mère et le feu-alcool / énergie père.

L'emploi de l'eau-de-vie pour réanimer cet enfant suggère un problème père / mère au moment de la conception.

Comme il ne ressemblait pas à ses frères et sœurs, de fréquents sous-entendus dans le village lui laissaient supposer qu'il était en fait le fils du boulanger.

Or, étrangement, à la date exacte correspondant à sa date de relecture de sa conception (à 8 ans et 3 mois), le boulanger, (qui n'est plus le même que celui de l'époque de la conception de Félix), lui offre un chocolat à l'alcool.

Félix s'étrangle en le mangeant !

Cette relecture de sa conception par un événement aussi fort traduit qu'il y avait bien une ambiguïté entre le père et la mère au moment de la conception de Félix.

C		**N**
Colonne 1 : Projet	Colonne 2 : Réalisation	Colonne 3 : Concrétisation
	Imprégnation : qui est le père biologique ?	Étranglé à la naissance par le cordon ombilical réanimé à l'eau-de-vie : « problème» de conception ? (« fils du boulanger ? »)
	8 ans 3 mois Félix s'étrangle avec un chocolat à la liqueur (alcool) offert par un boulanger…	

Marie -Laure – relecture de la conception.
À 15 ans et 30 ans et 9 mois à la relecture de sa naissance, Marie-Laure vit exactement le même événement :
Par deux fois, alors qu'elle faisait une promenade à cheval, son cheval s'est emballé provoquant une chute et un traumatisme crânien.

125

Le cheval est l'animal : il représente ici l'animalité non dominée.

Le traumatisme crânien traduit une dévalorisation dans les projets, dans ce que l'on conçoit.

Ces accidents se reliant à la conception de Marie-Laure expriment le vécu de sa mère : celle-ci en effet ne souhaitait pas avoir d'autres enfants mais elle n'a pas pu "dominer" les pulsions sexuelles de son mari, qu'elle a "subies", d'où un sentiment de dévalorisation.

Marie-Laure restitue ce vécu et ce ressenti par ces accidents de même tonalité, aux dates relisant sa naissance.

	C		**N**	
Colonne 1 : Projet		**Colonne 2 : Réalisation**		**Colonne 3 : Concrétisation**
imprégnation :		*Conception*		*Naissance*
non désirée de la part de la mère				*non désirée*
qui « subit »				
vécu de Marie-Laure :				
15 ans 9 mois				
Chute de cheval trauma crânien				
31 ans et 6 mois				
Chute de cheval trauma crânien				

AGIR OU... "ÊTRE AGIS"

L'analyse ainsi permise nous fournit des informations extrêmement précises sur le contexte de nos premiers mois de vie et donc sur notre structure essentielle : les différentes tonalités mises à jour dans ces trois phases nous éclairent considérablement sur notre lecture personnelle de la vie en nous indiquant la façon – unique – que nous avons de *concevoir* nos projets, de les *mettre en œuvre* et de les *accomplir* et, bien sûr, les difficultés ou obstacles que nous rencontrons éventuellement au cours de ces différentes phases.

Par exemple, de quelqu'un ayant des événements tels que construction, gains, etc., dans la 1ère colonne (phase projet), alors que dans la 3e colonne (phase concrétisation) se situent des ruptures, des déménagements (tonalités de séparation), nous pouvons dire : qu'il est fait pour concevoir ses projets, et pour ne pas couper sa création, il doit apprendre à ne pas s'approprier leur concrétisation. Et les laisser évoluer (ces tonalités étant reliées à ce que ses parents auront vécu et ressenti pendant les vingt-sept mois autour de sa naissance).

L'imprégnation de nos programmes fait que nous attirons à nous les situations qui leur correspondent. Sous forme de programmation cellulaire, elle nous "agit" et nous subissons sa loi, mais la mise de conscience *de la structure de notre Empreinte, nous permet de changer notre façon de vivre les énergies qui l'ont fondée.*

Pour exemple, si une personne inscrit un divorce dans la colonne 1 (projet), cela indique que son élan profond est de se "différencier" et non de se mettre en situation de ruptures douloureuses. Mais tant qu'elle n'a pas mis cette structure de base à conscience, en tant qu'énergie et qu'elle le vit en programmation cellulaire, elle sera dans l' "obligation" de provoquer des ruptures, de "se séparer", d'être seule, pour faire naître ses projets.

S'il s'agit d'un mariage, cela traduit au contraire que pour cette personne, faire émerger ses élans, ses désirs, passe par l'"association", la relation avec les autres. Mais si elle le vit en suivant un programme, elle se sentira toujours dans la dépendance pour agir.

En tant qu'énergie créatrice cela indique qu'elle a la capacité de s'associer ou d'associer, de relier certaines choses et non l'obligation d'être deux pour concevoir ses projets, ce qui est une limitation.

Alex

Alex a noté deux divorces dans sa colonne 3 (concrétisation).

Il ne comprend pas pourquoi il ne parvient pas à mener une vie de couple harmonieuse plus durablement et en souffre.

L'imprégnation de son programme (vécu psychologique de ses parents qu'il revit à travers son inconscient cellulaire) le menait à attirer – inconsciemment – à lui des situations de rupture parce qu'il était inscrit en lui que pour s'accomplir il devait se "séparer."

L'analyse de son Empreinte mettant à jour cette énergie de séparation dans la troisième colonne lui permet de comprendre, une fois mise à conscience, qu'en terme d'expérience, cela signifie uniquement que ce qui le laisse en paix c'est quand il utilise son potentiel à trancher, couper, faire des choix clairs pour évoluer et ce sans l'obligation de se retrouver seul.

Ayant à vivre des événements où il a des décisions à prendre, des choix à effectuer, il peut utiliser et développer cette capacité à trancher, à couper pour mettre fin à des situations qui ne lui conviennent pas, mais il ne s'agit en aucun cas d'une "obligation" de détruire son couple pour s'accomplir (ce qui appartient à sa programmation).

À partir de cette lecture, nous pouvons ainsi déceler les mécanismes inconscients qui sont attachés à nos programmes – qui affectent notre vision des choses – pour comprendre l'origine de nos réactions face aux événements qui se présentent à nous, tout au long de notre existence : pourquoi nous nous retrouvons dans la même situation, pourquoi nous rencontrons régulièrement le même genre de problèmes, le même profil de relations, etc.

Tout cela nous permet de réaliser que c'est nous et nous seul qui, sous l'influence de nos programmes inconscients, recommençons le même parcours pour nous heurter aux mêmes points d'achoppement.

CE QUE NOUS SOMMES...

Notre Empreinte est une vibration, une fréquence unique qui s'inscrit dans le temps et l'espace. En soi, elle est impalpable et ne peut être appréhendée que par la conscience. L'étude de cette Empreinte nous permet de visualiser, de *concrétiser cette structure profonde : nous entrons alors en résonance avec notre structure essentielle et personnelle.*

À l'aide de cette étude, nous pouvons non seulement comprendre comment nous agissons dans notre existence, mais aussi cerner, avec précision, l'être que nous sommes.

En effet, de même *qu'habiter* dans la maison *donne sens au projet* initial de se mettre à l'abri – projet ayant nécessité sa réalisation par un architecte et un entrepreneur jusqu'à son *accomplissement* (maison terminée) – **l'être vivant que nous sommes donne sens au projet inconscient de ses parents : nous sommes les trois phases indissociables – ni reliées, ni séparées – de notre Empreinte.**

> ***Avec l'Empreinte, nous touchons***
> ***la structure de notre "âme."***

Les tonalités de chaque phase de l'empreinte :

– 9mois	Projet	Conception	Réalisation	Naissance	Concrétisation	+ 9ᵉ mois
	Projet		**Mise en oeuvre**		**La concrétisation**	
	Désir		Travail		Autonomie	
	Élan		Comment réaliser les choses		Comment nous sommes à notre place	
	Besoin		Le passage obligé pour …		Ce qui nous laisse en paix	
	Aspiration		Comment s'y prendre pour …		Produit "fini"	

Sabine

Colonne 1	Colonne 2	Colonne 3
Imprégnation :		naissance par césarienne
Vécu personnel: Divorce des parents. Ruptures. Séparations.	Premier amour. Premier travail. Voyage.	Bac. Diplôme professionnel. Installation seule dans appartement. Maladie de sa mère.
Son projet : Être autonome	Comment ?: En écoutant son élan, son intuition. *En osant sortir* de ce qu'elle connaît	Etre en paix sans chercher d'aide, ni de validation extérieure ,être autonome

Interprétation :

Sabine est une jeune femme assez timide et qui n'ose pas vraiment se lancer dans des activités qui pourtant l'attirent. Elle reconnaît avoir souvent besoin d'être entraînée par d'autres ou poussée à prendre des décisions la concernant personnellement. Son Empreinte est très claire sur les choix qu'elle a à faire et lui indique qu'elle peut se faire beaucoup plus confiance.

Le désir profond de Sabine est d'être autonome (divorce des parents, ruptures). Elle a la capacité de trancher, de faire des choix précis, même si elle n'en a pas vraiment conscience.

Le passage obligé de la 2ᵉ colonne lui indique qu'elle doit faire confiance en écoutant ses élans et son intuition et sortir de ce qu'elle connaît, qu'elle ose l' "inconnu."

L'imprégnation de la naissance sous césarienne, nous l'avons vu est celle d'un besoin d' "être aidée pour (s') accomplir", or la guérison de Sabine est de cesser de penser qu'elle a besoin de la validation (bac, diplôme) de qui que ce soit, et, notamment de sa mère (maladie de la mère) pour vivre son autonomie (appartement seule) : elle a à se valider elle-même en suivant son intuition, sans chercher à s'appuyer sur les autres, c'est son projet et son accomplissement.

Elle a développé la confiance en elle et en ses capacités, c'est ce qu'elle a à "travailler" (colonne 2) pour pouvoir s'accomplir.

LA BIOLOGIE EST FONDAMENTALEMENT INCESTUELLE

La répétition cyclique de notre Empreinte est un des aspects de l'inceste.

Ce mot, issu de "in-castus" : qui se conforme aux règles et aux rites mais aussi de "in-castus", avec lequel il s'est confondu et qui est dérivé de *carere* : "manquer de"[17].

---

[17] *Le Robert* Dictionnaire historique de la langue française. 1804.

Dans ce contexte, nous employons le terme "incestuel" lorsque nous recommençons le passé par "peur de manquer", par peur de l'inconnu, c'est à dire par survie.

En terme d'énergie, *nous sommes tous biologiquement incestuels* puisque nous recommençons constamment notre Empreinte de vingt-sept mois.

Encore une fois, nous ne pouvons pas changer notre Empreinte, il s'agit de la reconnaître dans ses cycles répétitifs et **d'en développer tous les potentiels**.

Comme Alex, dont l'exemple a été cité plus haut, nous avons tous la possibilité de modifier l'interprétation de ces programmes, qui nous incitent à revivre continuellement les événements de notre vie à travers l'imprégnation psychologique de nos parents, *pour en utiliser les potentiels énergétiques* – qui sont eux la structure de notre Empreinte – en les mettant au service de *notre créativité.*

En d'autres termes : soit nous restons dans le "Possible", qui représente le connu, le programme, soumis à l'énergie incestuelle inhérente à toute vie inconsciente, soit nous mettons nos potentiels au service de "l 'Impossible", qui, nous le verrons, est tout ce qui ressort de notre véritable créativité d'homme, libre de toute référence au passé.

Il s'agit donc désormais d'apprendre à *utiliser nos programmes* en les appréhendant à un autre niveau pour tirer parti de nos spécificités.

Ce changement de regard nous entraîne à ne plus vivre les événements rencontrés en conflits inconscients et dès lors, à être aptes à les considérer comme des opportunités venant enrichir notre expérience personnelle.

En mettant nos programmes en conscience, nous obtenons un outil de création absolument unique au potentiel extraordinaire.

QUELQUES LECTURES D'EMPREINTE

Bernard : changement d'interprétation et d'utilisation des énergies d'un programme

Imprégné par un programme – son père qui a perdu son emploi pendant les vingt-sept mois autour de sa naissance – à 4 ans (colonne 2), Bernard vit le déménagement de sa famille dans un ressenti de séparation que son cerveau interprète en termes de perte de territoire.

Au cours de sa vie, dans cette deuxième colonne, se retrouvent trois situations de même tonalité : divorce, déménagement, décès de sa mère – qui représentent pour son cerveau des situations de même tonalité.

De perte de territoire en perte de territoire, il est fragilisé et ne parvient plus à gérer ces événements qui le privent régulièrement de ses bases.

Quelque temps après avoir appris qu'il devait accepter une mutation au sein de l'entreprise où il travaillait – ou être dans l'obligation de quitter son emploi – il a fait un infarctus (son cerveau a pris le relais et biologisé son conflit de cette façon).

Ayant pris conscience de cette imprégnation de son programme de naissance et compris son caractère cyclique, il a pu accéder à un autre plan de vision. À 44 ans, il a décidé de quitter son entreprise pour créer sa propre affaire.

Ce changement correspond à une nouvelle relecture de son programme mais l'ayant mis à conscience, il ne le subit plus : il sent qu'il est capable de prendre le risque du "vide", de l'inconnu et sait qu'il ne "perd rien."

Au contraire, il va vers quelque chose de tout à fait nouveau et grâce à sa capacité à changer, à quitter ses bases – énergie inscrite dans sa structure d'Empreinte – il *vit cette perspective comme une possibilité de développer ses potentiels de créativité.*

Colonne 1	Colonne 2	Colonne 3
	Imprégnation : perte d'emploi du père	
	vécu Bernard	
	déménagement divorce déménagement décès mère infarctus	
	démission création entreprise (solution guérison)	

Dans notre Empreinte se trouvent nos conflits mais également notre guérison, parce qu'ils sont de même structure : notre Empreinte nous informe sur les ressources dont nous disposons.

Il nous appartient de les mettre en œuvre.

Céline

Analyse du schéma

La voiture représente l'autonomie, le permis de conduire, la prise d'autonomie et un accident de voiture, une atteinte ou une perte d'autonomie.

Dans le cas de Céline l'atteinte – ou la perte d'autonomie – est inscrite dans la colonne projet, or dans la colonne concrétisation, Céline devient aveugle : son autonomie est, effectivement, profondément perturbée.

Pour elle, être aveugle l'a coupée du monde : elle se sent hors communication.

Son désir profond est d'être dans la complicité, dans le partage et la communication, de ne plus être seule pour agir, mais elle a du mal à faire confiance, à s'abandonner, à se laisser guider.

133

Le diabète signifie qu'elle est seule pour lutter, pour résister, il est l'expression de cette forte résistance à l'abandon, à la confiance, la complicité alors qu'elle a besoin de vivre cela pour s'accomplir.

Le décès de sa sœur est la perte d'une relation de complicité, mais c'est également ce qu'elle peut retrouver (énergie de la structure guérison) en se laissant guider : en perdant la vue, Céline est mise en demeure de s'en remettre à autrui, elle a à apprendre à se laisser mener sans résistance, dans la confiance, la complicité.

C'est son énergie féminine qui a besoin d'être développée, expérimentée (réception, intuition).

Sa formation de masseuse (3ᵉ colonne) lui permet de rentrer en contact très proche avec autrui, c'est sa voie de guérison, pour son accomplissement.

Colonne 1	Colonne 2	Colonne 3
accident de voiture	déménagement	décès de sa sœur
bac	1ᵉʳ amour	diabète (résistance)
1ᵉʳ travail	Formation (horticulture)	cécité (dépendance)
naissance fille	rencontre mari	divorce
	(père de sa fille)	
	rupture	Diplôme (massages)
	rencontre compagnon actuel	
Projet	**Comment ? (œuvrer)**	*Concrétisation*
ne plus tout faire	trouver son orientation	
seule, défendre	« passage obligé » :	re-voir sa conception
son indépendance	accepter d'être accompagnée	de l'autonomie
	vivre dans le partage,	(en acceptant de la perdre :
	la complicité	cécité).
		Entrer dans la relation de
bac		confiance avec l'autre sans
		résister (diabète)
		créativité : massages
		(communication, relations
		confiance, complicité).

Elle est faite pour trouver l'autonomie dans l'excellence d'elle même et cheminer dans l'amour du partage

Fabien

Le couple parental de Fabien n'étant pas un couple officiel (père marié à une autre et déjà père de deux enfants), Fabien a peu connu sa mère. Ses parents auront un autre fils, mais lorsque Fabien a 4 ans, les deux enfants seront placés à la DASS.

À 13 ans, il s'enfuit de la DASS et à la suite d'une décision juridique, il est accueilli chez son père. Son demi-frère, plus âgé, obtient alors de celui-ci qu'il lui donne son nom.(il portait jusqu'ici le nom de sa mère).

À partir de ce moment, la vie de Fabien se rééquilibre un peu ce qui lui permet de mieux s'investir dans son travail scolaire.

À 15 ans, son père l'émancipe et c'est son demi-frère, adulte, qui a l'autorité de tutelle sur lui. Il l'engage à préparer un CAP, en internat, à la suite duquel il trouve un emploi.

Mais Fabien est resté longtemps envahi par la violence et l'amertume et il a vécu de nombreuses situations de conflits. Il se sent en révolte permanente contre toute forme d'injustice.

Colonne 1	Colonne 2	Colonne 3
Vécu		
changement de nom (reçoit le nom du père)	1ère *relation sexuelle*	*Rencontres sentimentales*
naissance de son frère	*Décès de sa mère*	*Reconnaissance de la part de son père*
Internat	*dislocation familiale,*	*(validation de son existence*
garde à vue	*séparation du frère, du père*	*de sa filiation)*
décès de sa grand-mère	*chômage.*	*Décès du père*
Projet créer son territoire fraternité	Passage obligé : autonomie par rapport au manque devenir « adulte »	accomplissement de sa « famille »

Analyse

1ère colonne :

Tonalité d'enfermement, énergie de protection ou de limitation.

L'enfermement est soit subi (garde-à-vue), soit à tonalité de liberté (internat vécu avec bonheur).

Dans la structure fondamentale de Fabien, il y a le besoin d'un lieu fermé, d'un espace où il se sente protégé, qu'il reconnaisse comme sien : le désir d'installer son territoire.

Jusqu'ici, Fabien n'a pas pu réaliser durablement ce projet, il a, en effet, le plus souvent vécu chez d'autres personnes : à la DASS, en internat, chez son frère, etc.

La naissance de son frère indique qu'il a à trouver sa famille dans la fraternité, dans le partage et non dans la verticalité (générations), il a à trouver ses "frères", en relation horizontale.

2ᵉ colonne :

"Passage obligé", mise en œuvre.

- Décès de sa mère : la mère représente l'autonomie. Pour Fabien, faire le deuil de sa mère revient à cesser de vouloir "réparer le manque" : recevoir l'amour qu'il n'a pas pu connaître de la part de sa mère, absente.

Pour réaliser son projet, il faut qu'il accède à son identité d'homme (première relation sexuelle) en se détachant de l'enfant en lui qui demande réparation du manque d'amour maternel.

3ᵉ colonne :

Concrétisation

C'est en occupant sa place d'homme (rencontres sentimentales) qu'il est validé par son père.

Mais, pour s'accomplir, il n'a pas à chercher de validation autre que la sienne propre (décès du père).

Lors de l'analyse de son Empreinte, Fabien a expliqué qu'il avait un rêve depuis longtemps : créer une structure pour accueillir des enfants issus de la DASS et se trouvant en difficulté, par manque de repères, comme il l'était lui-même quand il en est sorti.

En les accueillant dans ce lieu, il souhaite les aider à s'orienter à l'aide de thérapies et de guidances diverses.

Le projet de vie de Fabien est de créer un lieu d'accueil, une "famille" pour ses "frères" de la DASS, dans une structure qui soit la sienne, en son nom.

Les enfants qu'il souhaite accueillir sont ses "frères" et son "rêve" est de créer cette structure pour eux dans un endroit protégé correspond parfaitement à ce qui est inscrit dans son Empreinte : voie de guérison.

Les énergies qui structurent son Empreinte étant en adéquation avec ce projet, il lui suffit d'en prendre réellement la décision pour le réaliser car il a toutes les potentialités nécessaires à son accomplissement.

En réalisant son projet, il se guérit lui-même et, en prenant soin des enfants de la DASS, sa "famille humaine", il guérit sa famille disloquée.

C'est son accomplissement.

La structure de l'Empreinte permet de dégager ce qui est juste pour chacun d'entre nous. C'est notre guérison, notre fonction essentielle : ce pour quoi nous sommes sur cette terre sous cette "forme", dans cette énergie.

Les différentes lectures de l'Empreinte nous font contacter l'essence et le sens de notre naissance.

POUR PROCÉDER À LA LECTURE D'UNE EMPREINTE...

Lire une Empreinte ne présente pas en soi de difficultés majeures, toutefois cela demande un certain entraînement. Indéniablement, c'est par la *pratique* que l'on parvient peu à peu à maîtriser cette lecture avec clarté.

Il ne faut pas chercher à "comprendre," mais partir de la *certitude* qu'il y a un sens et le laisser émerger, sans vouloir aller le cerner à tout prix.

Il faut au contraire se laisser imprégner par la *tonalité*, les *résonances* entre les événements de chaque colonne sans craindre de ne pas trouver de réponse immédiate.

Nos cellules, notre cerveau savent, mais en forcer la compréhension peut conduire à un blocage.

Enfin, il ne s'agit pas non plus de chercher à "relier" quoi que ce soit : il n'y a pas à "relier" puisque, nous l'avons vu, rien n'est "séparé" – le tout est indissociable.

Cet exercice demande donc un grand relâchement intellectuel dans une énergie plus féminine que masculine : de la réception plus que de l'action !

La base de ce travail est *l'intuition* et non *l'intention*.

Laissons-nous "é-mer-veiller" : sortir de l'eau le sens qui veille, laissons "émerger" le sens qui "veille" (et nous "éveille")... Laissons-nous émerveiller par la vie : <u>l'émerveillement est la plus grande source de richesse qui soit !</u>

Pour s'entraîner, il est conseillé de décoder d'autres Empreintes que la sienne propre : étant moins impliqués émotionnellement, moins volontaristes quant au résultat, nous évitons ainsi de nous heurter à la "barrière du mental."

La lecture en sera alors d'autant plus facilitée et l'intuition plus active (ou plus réceptive !)

Une dernière précision : ces différentes formes de lecture sont des *outils* mis à la disposition de ceux qui souhaitent se connaître mieux et peut-être, à travers eux, le monde où nous évoluons. Mais, nous touchons ici à l'impalpable...

Disons qu'il ne suffit pas de prendre le burin de Michel-Ange pour devenir d'emblée un sculpteur de génie, pas plus qu'avec la plume de Balzac, nous ne saurons écrire *la Comédie humaine* !

L'outil en soi n'est rien...

Inspirons-nous de ces Sages qui pour suivre leur lecture de la Torah utilisent un bâton : ils savent que chaque mot *est* sacré mais ils ne touchent pas le livre avec les doigts... Ce n'est pas, comme on pourrait le penser par respect pour le livre mais pour marquer une distance entre le livre – objet – et eux. Symboliquement, ils rappellent ainsi qu'il ne faut pas s'identifier à la forme : seuls le lecteur et le verbe – la connaissance dont le verbe est porteur – sont essentiels et sacrés.

Le livre, n'est qu'un simple support.

Mais chacun, à l'aide de ces outils, a la possibilité de laisser le génie de la vie œuvrer à travers lui.

LA "MATRICE DIVINE"

I	-3 a 9 m	- 3 ans		-2 a 3 m	-1 a 6 m
II	-1 a 6 m	C	Naissance		+ 9 mois
III	+9 mois	1 a 6 m		2 a 3 m	3 ans

Schéma n° 23 - La matrice divine

Il est également possible d'étudier notre Empreinte *en amont de son premier cycle de vingt-sept mois.*

Nous avons étudié notre Empreinte en tant que *ligne horizontale se déployant dans l'espace,* puis sous forme de *cycles s'inscrivant dans le temps chronologique* de notre naissance à aujourd'hui. Il est possible de la considérer sous son angle ascendant, c'est-à-dire en remontant avant notre naissance.

Rappelons que la vie est issue de la rencontre du feu et de l'eau qui crée une membrane avec une face tournée vers le ciel et l'autre vers la terre.

De la même façon, notre Empreinte est "ciel et terre" en même temps, elle est la rencontre entre deux cycles de vingt-sept mois.

C'est-à-dire qu'elle est la rencontre d'une phase manifestée (notre premier cycle de +9 mois à 3 ans) avec une phase non manifestée (de −1 an 6 mois à −3 ans 9 mois avant la naissance).

Ainsi 3 ans devient la fin d'un cycle de trois fois vingt-sept mois permettant la "transition" du monde non incarné au monde incarné.

C'est à 3 ans que biologiquement, l'enfant prend sa place dans la famille en tant qu'être sexué. L'enfant se situe désormais dans sa famille en tant qu'être féminin ou masculin : une nouvelle phase de son existence commence parmi les hommes.

Nous appelons la réunion de ces trois cycles de vingt-sept mois **La matrice divine** (voir schéma ci-dessus).

Les événements ayant eu lieu dans l'histoire familiale mais aussi sociale et mondiale au niveau de *l'inconscient collectif* – dans cette période ont également un impact sur notre Empreinte individuelle.

En effet, l'environnement et le climat de vie à l'échelle nationale, voire mondiale – crises économiques, épidémies, conflits, tensions internationales – créent des énergies de tonalités diverses qui informent notre Empreinte dès la période de ce cycle non manifesté.

C'est pourquoi, de la même manière que nous avons analysé les événements survenus pendant l'imprégnation de notre Empreinte de vingt-sept mois, nous avons à tenir compte des événements importants de ce cycle, non manifesté pour nous, au niveau familial – décès, mariages, fausses couches ou IVG etc. –, et au niveau de l'environnement collectif pour ce cycle allant de moins18 mois à moins trois ans et neuf mois avant notre naissance.

Les décès dans la famille qui surviennent à cette époque-là ont une importance particulière : l'Empreinte que nous sommes capte tout ce qui lui correspond et cela concerne également des informations de vies antérieures à notre existence.

Il ne s'agit pas forcément de "vies antérieures" – dans le sens de certaines traditions orientales – qui nous concerneraient en tant que personnes individualisées mais, de "vie élargie", non personnalisée, sous forme d'informations cellulaires, de "fréquences" qui entrent en résonance avec l'Empreinte de naissance et que celle-ci capte lors de notre "projet d'incarnation", c'est-à-dire, dès ce cycle non manifesté, qui peut alors être désigné par le terme *"projet du projet."*

L'Empreinte de naissance de chaque être humain est imprégnée de toutes ces énergies, individuelles ou collectives, à des degrés divers.

Ce peut être une explication du fait que dans la tradition tibétaine, lorsque les bouddhistes cherchent l'enfant qui serait la réincarnation d'un être éveillé, il faut au moins trois ans après la mort de ce dernier pour la découvrir. Pour eux, la réincarnation a bien lieu sur le schéma de cette matrice divine.

Nécessitant des développements plus approfondis, cette lecture spécifique de l'Empreinte (matrice divine) sera traitée plus longuement dans un prochain ouvrage.

Résumé

Pour le cerveau inconscient cellulaire animal, l'Empreinte (vingt-sept mois autour de la naissance), histoire unique et sans références, est l'histoire qui a donné la vie. Pour être SÛR de vivre, il va recommencer indéfiniment la même histoire, le même schéma de vie, sur des cycles de vingt-sept mois identiques dans leur tonalité, tout au long de notre existence tant que nous n'en prenons pas conscience : c'est la survie.

Pour cela, il capte tous les événements, les rencontres etc.. en analogie avec notre Empreinte.

Ces programmes imprégnés dans l'Empreinte génèrent des mécanismes qui deviennent notre lecture personnelle de la vie et des événements.

À partir d'un tableau établi de neuf mois en neuf mois et de son analyse, nous pouvons déterminer les énergies qui ont informé notre Empreinte de naissance : nous découvrons ainsi la structure de notre Empreinte (qui est en soi, une structure impalpable et que la ligne d'Empreinte des vingt-sept mois nous permet de concrétiser). Nous déterminons ainsi le cycle structurel de bioanalogie.

Cette structure est le vecteur de notre vie, à travers notre Empreinte la vie prend sens.

La lecture de l'Empreinte nous permet de prendre conscience de nos comportements dans le domaine de la conception de nos projets, de leur réalisation et de leur accomplissement, ainsi que des obstacles et des difficultés que nous rencontrons sur notre parcours de vie.

Il est alors possible d'utiliser ces informations pour transformer les énergies de nos programmes en développant leurs potentiels de créativité pour accomplir notre être essentiel.

L'établissement de notre ligne d'Empreinte nous permet de concrétiser cette structure profonde, d'entrer en résonance avec notre structure essentielle. L'être que nous sommes donne sens au projet de nos parents : nous sommes les trois phases indissociables – ni reliées, ni séparées – de notre Empreinte.

Nous pouvons également avec les cycles de l'Empreinte trouver des éléments d'imprégnation de –1 an 6 mois à –3 ans 9 mois avant la naissance.

Il s'agit alors de l'Empreinte non manifestée ou "projet du projet" qui s'intègre dans la matrice divine.

Ces cycles sont sur trois niveaux, indissociables.

L'Empreinte, notre structure profonde, est l'essence même de notre être.

La lecture de l'Empreinte et de ses différents cycles nous permet de retrouver le sens et l'essence de notre naissance.

CHAPITRE 5

Du conflit à la pathologie

LIRE LA MALADIE

DEUX REGARDS, TROIS NIVEAUX.

Comme nous l'avons vu, toutes nos pathologies sont issues d'un stress lié à l'interprétation d'une perte dans l'un des trois paramètres de la survie animale – territoire, alimentation, descendance.

Suivant la tradition bouddhiste tibétaine, la maladie est due à la perte du sens du divin, liée à l'un des trois paramètres suivants :

- l'ignorance ;
- la colère ;
- l'attachement.

Si nous analysons ces deux façons de percevoir la maladie, nous constatons qu'elles en sont deux lectures complémentaires :

1. versus occidental, ayant une orientation terre liée à la survie ;

2. versus oriental, ayant une orientation ciel : liée au divin.

il est intéressant d'associer ces deux regards dans une vision commune :
- l'ignorance se relie à la descendance (c'est bien ce que nous concevons) ;
- la colère, à l'alimentation (comment nous acceptons – ou non – les événements de la vie).

- l'attachement, au territoire ("notre espace d'évolution" et auquel nous sommes "attachés").

Cette lecture à trois niveaux est véritablement une clé de compréhension globale de l'homme et de la maladie.

Nous pourrions résumer cela par un petit tableau :

Ciel	Homme	Terre
Projet	Conflit	Climat et environnement
Identité	Réalisation	Autonomie
Désir	Gestation	Manifestation
Rêve	Mise en oeuvre	Concret
Mental	Affectif	Physique
Père	Enfant	Mère
Descendance	Alimentation	Territoire
Ignorance	Colère	Attachement

Rappelons que les pathologies s'installent et se développent à partir des programmes créés par le vécu et le ressenti des parents pendant les vingt-sept mois autour de la naissance, au niveau des projets, des conflits et de l'environnement ou climat.

C'est une loi absolue – et l'axiome de base de la bioanalogie – toutes les maladies, sans exception, ont un sens biologique, et leur programmation est obligatoirement inscrite dans l'Empreinte de naissance (Cycle de vingt-sept mois).

MALADIE ET PROJET

Toutes les pathologies sont la réponse à un projet de l'inconscient biologique cellulaire animal (IBCA).

De même qu'une maison a trois niveaux de lecture indissociables, projet – réalisation – concrétisation, de même chaque maladie a trois niveaux similaires. En effet, toute pathologie répond à un projet, connaît une phase de *réalisation*

144

(biologisation au niveau des organes) pour en arriver à son *accomplissement* (expression de la maladie).

C'est pourquoi, face à une maladie, La première question à se poser, est celle-ci : *"Quelle est l'utilité – le projet biologique – de ce symptôme ?"*

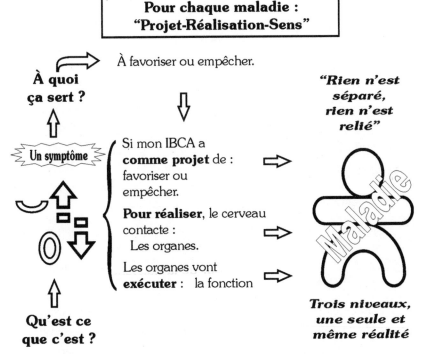

Schéma n°24 - Pour chaque maladie, projet réalisation et sens.

Par exemple :

"Quelle est l'utilité biologique d'une hypertrophie de la glande mammaire ?"

Sachant qu'une hypertrophie est une augmentation de la masse et que la glande mammaire produit du lait pour nourrir l'enfant, cette pathologie indique que le projet de l'IBCA était d'augmenter la production de lait dans le but de "nourrir plus." Pour cela, il a contacté la glande mammaire afin d'en augmenter le nombre de cellules (biologisation du conflit).

Ayant compris cela, la personne atteinte par cette pathologie peut alors analyser son vécu pour déterminer le domaine et le moment de sa vie où elle a éprouvé la nécessité de devoir "nourrir davantage", soit un proche, soit une structure (association, création etc.)

Il lui sera ainsi possible de cerner le facteur *déclenchant* de sa maladie.

L'analyse de son Empreinte permettra d'en trouver l'origine en tant que programmation issue du vécu et du ressenti d'au moins un des deux parents.

Annick

Avant la naissance d'Annick, son père parvenait difficilement à gagner suffisamment d'argent pour faire vivre sa femme et ses deux premiers enfants.

Une bouche de plus à nourrir n'était pas un choix de leur part, mais il n'était pas question de ne pas accueillir ce troisième bébé.

Sa naissance a cependant généré de fortes angoisses, tant chez son père qui se sentait responsable des seules rentrées d'argent du foyer que chez sa mère qui devait gérer le peu de revenus disponibles.

Annick a, dans ce cas, une double imprégnation du cancer du sein, principalement dans les phases réalisation et concrétisation.

Parent isolé, elle reconnaît qu'elle a, elle-même, toujours eu l'angoisse de voir arriver le jour où elle ne pourrait pas avoir de quoi nourrir son fils.

Son imprégnation en fait une obsession et comme elle exerce un métier libéral, elle redoute toujours que sa clientèle s'amenuise, la laissant ainsi sans ressources suffisantes.

Il y a quelque temps, ayant dû déménager, il lui a fallu prendre le temps de retrouver une clientèle, mais elle a vécu cette période dans la crainte de ne pas y parvenir assez rapidement.

Cet événement a activé son programme et a été le facteur déclenchant de son cancer du sein.

Quel est le "projet" biologique d'un ulcère à l'estomac ? ⌣

Rappelons que l'alimentation n'est pas uniquement ce que nous mangeons mais tout ce que nous propose la vie en tant qu'événements, relations etc., que nous devons "avaler" parfois à contrecœur... ou à "contre estomac."

L'appareil digestif nous indique donc la manière dont nous accueillons, – en acceptation ou non – tous les éléments de la vie.

Biologiquement l'estomac a pour rôle de "reconnaître" les nourritures que nous ingérons : il est la première étape, le premier récepteur au niveau de la digestion.

Il doit détecter et analyser quelle est la nature de la nourriture qu'il vient d'ingérer.

En temps normal, la nourriture arrive dans l'estomac qui "reconnaît" cette nourriture, il va la dissoudre, mais s'il n'arrive pas à la dissoudre c'est qu'il ne la reconnaît pas : il ne la "comprend" pas.

En cas d'ulcère à l'estomac, le projet du cerveau est : "Il ne faut pas reconnaître cette nourriture" (l'accepter comme "bonne").

Cette pathologie exprime un conflit d'incompréhension.

Toutes les atteintes à l'estomac sont liées au conflit non résolu : "je ne reconnais pas – je ne comprends pas – ce que je viens d'avaler."

Le cerveau biologique a deux solutions possibles dans le cas de nourriture non reconnue comme "bonne" :

– soit il creuse pour ne pas assimiler cette nourriture, il refuse de la "comprendre", (prendre avec soi), ce qui génère un ulcère ;

Projet : "il ne faut pas" comprendre "cette nourriture" (Psychologiquement : "je ne veux pas avaler ça, vivre cette situation.")

– soit, il est dans l'obligation d'assimiler cette nourriture qu'il ne reconnaît pas comme bonne et

147

dans ce cas, il va créer de la masse pour augmenter sa capacité d'ingestion, ce qui créera une tumeur.

Projet : "il faut absolument accepter cette nourriture même si elle n'est pas reconnue comme bonne" (psychologiquement : "je ne peux pas l'avaler mais il faut bien que je le fasse, je n'ai pas le choix.")

Soit en fonction du temps, soit en fonction de l'espace grande ou petite courbure selon les tissus embryonnaires.

Fabienne

Pendant sa grossesse, la mère de Fabienne vivait chez ses beaux-parents, et sa belle-mère lui imposait absolument toutes ses idées : nourriture, rythmes de vie, etc. parce qu'elle estimait qu'elle était mieux placée que sa belle-fille – très jeune – pour savoir comment doit se comporter une femme enceinte.

Cette situation lui était insupportable mais son mari ne la soutenant pas, elle devait bien "avaler", contre son gré, les diktats de sa belle-mère qu'elle ne comprenait pas.

Son conflit a imprégné chez sa fille le programme : "Je ne comprends pas la nourriture qu'on me propose, que l'on m'impose."

Dès sa naissance Fabienne a refusé de boire le lait sous quelque forme que ce soit et elle a toujours eu par la suite des problèmes d'alimentation.

Dans une période de sa vie, relisant sa période de gestation, sa situation conjugale ne lui convenait plus, mais elle n'a pas osé l'exprimer parce que son mari avait à ce moment-là des problèmes professionnels. Elle a décidé de rester près de lui, mais, vivant quelque chose qui ne lui convenait pas, elle a eu un ulcère à l'estomac.

Rose

Rose est veuve depuis deux ans et ses deux filles habitent à plusieurs centaines de kilomètres. Elle souffrait de cette dispersion, mais ne voyait pas de solution pour remédier à cet isolement.

Dans notre biologie, c'est le <u>sang</u> qui représente la <u>famille</u>.

Dans ce cas, le projet de l'inconscient cellulaire de Rose était : "il faut réunir la famille dispersée" et son cerveau a biologisé ce conflit en provoquant une augmentation de son taux de plaquettes.

Ayant pris conscience du sens de sa pathologie, Rose et ses filles ont mis au point des voyages en avion lui permettant d'aller séjourner régulièrement chez elles. Son taux de plaquettes s'est totalement normalisé.

À l'inverse, en cas de diminution de plaquettes, le projet du cerveau est qu' "il ne faut surtout pas réunir la famille, sinon c'est le drame."

Il peut s'agir alors d'une mémoire de drames familiaux.

Par exemple, lors d'une réunion de famille, un homme, lors d'une violente dispute provoque – accidentellement ou non – la mort de son beau-père.

Il s'inscrit alors au niveau des descendants qu'il ne faut jamais réunir la famille pour éviter toute catastrophe. Activée par un événement de même tonalité dans sa période d'imprégnation d'Empreinte – sans être obligatoirement aussi dramatique – cette mémoire généalogique pourrait se traduire chez l'un d'eux par des problèmes de plaquettes.

Les pathologies de plaquettes se relient à un conflit qui ordonne de réunir ou au contraire de disperser la famille et, pour la plupart, touchent au projet, à l'identité (conflits issus de – neuf mois à conception).

Cela peut concerner également des mémoires de familles d'immigrés – familles dispersées qu'il faut réunir – au niveau de la génération des arrière-grands-parents (voir chapitre Généalogie, les quatre générations).

MALADIE "HORIZONTALE" ET MALADIE "VERTICALE."

Revenons à ce fabuleux moment qu'est la conception.

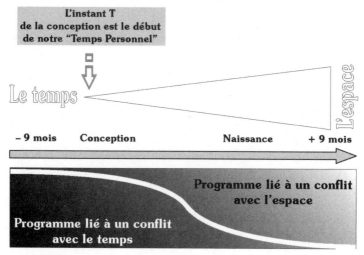

Schéma n°25 - Les programmes liés au temps et à l'espace

À partir de notre schéma représentant l'instant T de la conception, créateur d'une forme qui se déploie dans l'espace, se dégage une notion importante pour la compréhension de nos maladies.

Nous savons déjà que la notion de temps se déployant dans l'espace permet une lecture en trois niveaux de nos pathologies : projet – réalisation – exécution, mais ce mouvement de *passage du temps /vertical à l'espace / horizontal* introduit un paramètre supplémentaire : il est en effet possible de faire une distinction entre "maladie verticale" et "maladie horizontale."

Schématiquement, les maladies *"verticales"* sont liées à la notion de *temps* et les *maladies "horizontales"* sont liées à la notion *d'espace.*

Entre les deux, se situent les maladies *"obliques"* – liées au déploiement du temps dans l'espace – chacune étant plus marquée soit par l'un, soit par l'autre. C'est cette différenciation qui prévaut : *"oblique" / liée au temps ou "oblique/ liée à l'espace."*Ce sont des *maladies qui touchent l'affectif, la relation, le lien. Voir le syndrome* *de glissement en médecine, où le patient perd la notion du temps et de l'espace, le sens du lien et de l'appartenance.*

Comme toute maladie, elles s'expriment à la suite d'un conflit concernant un des trois paramètres de la survie : territoire, alimentation, descendance.

Cette différenciation nous donne des informations sur la période d'imprégnation de leurs programmes : pour en trouver l'origine, cela nous indique en effet qu'il faut orienter nos recherches vers la phase de l'Empreinte ayant la tonalité correspondante.

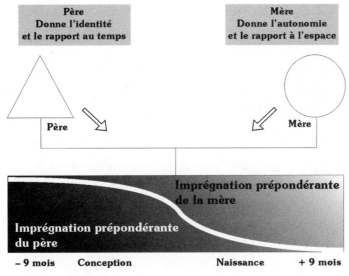

Schéma n°27 - Qualité de l'imprégnation des parents

PATHOLOGIES ET PHASES D'IMPRÉGNATION.

1. Imprégnation en phase projet : temps "maladies verticales."

La phase d'imprégnation est avant la conception, c'est la phase projet plus marquée par le père.

Elles sont marquées par le temps, la descendance, les projets.

Les pathologies sont liées à l'identité, aux Valeurs.

2. Imprégnation en phase réalisation : temps et espace "maladies" "obliques."

La phase d'imprégnation est le temps de la grossesse, c'est la phase réalisation, marquée par le père et par la mère.

Elles sont marquées par le Temps et l'Espace, l'alimentation, la relation, le lien.

Les pathologies sont liées au relationnel, à l'affectif.

3. Imprégnation en phase concrétisation : espace "maladies horizontales."

La phase d'imprégnation est après la naissance. C'est la phase concrétisation plus marquée par la mère.

Elles sont marquées par l'espace, le territoire, l'autonomie, la matérialisation.

QUELQUES EXEMPLES DE MALADIES :

Un exemple avec les pathologies du rythme cardiaque.

Lorsque nous parlons de *rythme*, nous nous situons dans le *temps.*

Ces pathologies sont issues d'une imprégnation dans la période de – neuf mois à la conception, énergie du père, parce que liées au temps. Elles sont situées dans la phase projet – avant la conception – et s'expriment par des perturbations du rythme cardiaque.

- Tachycardie : accélération du rythme, de l'action. Le conflit exprimé par la tachycardie est, nous l'avons vu dans l'exemple de Viviane, le souhait que le temps avance plus vite, ou augmenter son action face au danger.

- Bradycardie : à l'inverse, il faut ralentir le rythme, diminuer son action.

- Extrasystole : ce sont des ruptures de rythmes, ces pulsations "hachées" il y a deux systoles cardiaques dans le même temps. Elles traduisent un conflit d'amour : pris entre deux relations, le cœur bat pour deux personnes en même temps.

C'est lorsque l'on s'est "amour haché" nous dit joliment Gérard Athias.

Marie-Paule

Marie-Paule est née avec une agénésie (manque congénital) d'une partie du faisceau de His.

Le faisceau de His est un faisceau électrique qui produit et accompagne la systole cardiaque dans la paroi du cœur de l'oreillette au ventricule.

L'électricité est l'énergie du père : biologiquement, ce faisceau représente la communication entre le père et la mère (oreillette / énergie mère, accueille le sang – ventricule / énergie père, expulse le sang).

Cette pathologie traduit un manque du côté du père : celui-ci ne donne pas l'impulsion à la totalité du cœur, il est manquant dans une partie de la structure familiale.

Marie-Paule est née de père inconnu et, comme son atteinte est congénitale, cela exprime un conflit non résolu – de même tonalité – issu de la génération de ses arrière – grands-parents.(cf. chapitre 6 – généalogie).

Au niveau des grands-parents, sa grand-mère maternelle a eu un enfant avec un homme qui est parti travailler à l'étranger, il y a donc bien une absence du père, dont l'origine se trouve au niveau des arrière-grands-parents : son arrière-grand-mère maternelle a eu un enfant de père inconnu.

Le conflit non résolu s'est ainsi répercuté de génération en génération, mais c'est au niveau de la 4ᵉ génération qu'il s'est incarné sous cette forme.

Dans les maladies essentiellement à dominante "espace", les conflits sont liés aux capacités.

Tout ce qui touche aux muscles traduit des conflits au niveau de l'énergie mère. Le programme est alors à chercher dans la période de la naissance et de l'autonomie (entre Naissance et + neuf mois). Nous verrons plus loin l'exemple de la myopathie.

EXEMPLE AVEC LE SYSTÈME NERVEUX

Voici comment les pathologies du système nerveux s'inscrivent dans les deux dimensions d'espace et de temps.

Pour illustrer cette distinction particulière des maladies, voici l'application que nous pouvons en faire :

- Maladie liée au *temps / vertical* : la sclérose en plaque ;

- Maladie liée au *lien entre temps et espace* : la poliomyélite ;

- Maladie liée à *l'espace/ horizontal* : la myopathie.

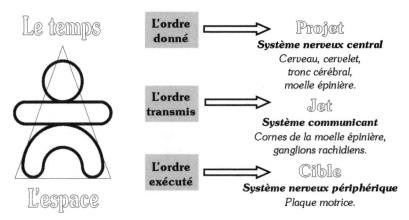

Schéma n°27 - Trois niveaux pour le système nerveux

Quelques mots sur le système nerveux :

Il y a d'une part, le système nerveux central – le cerveau et la moelle épinière – qui donne l'ordre, et d'autre part, le système nerveux périphérique qui exécute l'ordre donné grâce à l'appareil locomoteur.

Entre les deux il y a au niveau des cornes antérieures et postérieures de la moelle épinière le passage du système nerveux central au système nerveux périphérique qui assure la transmission de l'ordre entre les deux systèmes.

Nous retrouvons la lecture en trois niveaux.

‡ La sclérose en plaques : maladie verticale

Imprégnation : phase projet.

La sclérose en plaques se relie au conflit : comment prendre possession de son territoire dans *l'immédiat*, comment se situer sur ce territoire, en restant debout, dans la verticale.

Cette maladie exprime le conflit : "J'ai des blocages dans les ordres, je n'arrive pas à ordonner, je ne peux pas rester debout sur mon territoire."

En d'autres termes : "Je ne peux pas faire face à la situation présente, je ne peux pas l'assumer."

Le projet du cerveau biologique est alors qu'il ne faut pas affronter cette situation parce qu'il y a un danger à le faire.

Tout cela est bien sûr lié au fonctionnement biologique animal : pour un animal, une chute est très dangereuse, s'il tombe, il devient une proie facile pour ses prédateurs, il est donc très rapidement en danger de mort.

Si le stress ressenti est de cet ordre – "Je ne peux pas affronter mon territoire en étant debout" – le cerveau traduit qu'il vaut mieux ne pas y aller pour ne pas risquer de chuter. Sa solution parfaite est de faire en sorte que l'on ne puisse pas aller affronter ce danger mortel : il biologise le conflit en bloquant le système nerveux central qui ne peut plus donner d'ordres (donc rien ne pourra être transmis au niveau de l'appareil locomoteur).

Il y a quelques années, j'avais lu une étude qui mettait en évidence une augmentation notable de cas de sclérose en plaques chez le GI'S après la guerre du Viêt-nam : Certains de ces hommes arrivaient en hélicoptère sur un territoire donné pour accomplir une mission. *Leur grand stress était lorsqu'ils avaient à sauter de l'hélicoptère, car là, une fois à terre, ils ne pouvaient plus faire marche arrière, ils étaient obligés d'affronter, synonyme de danger mortel.*

Leur conflit était l'affrontement à cette verticale.

Ne pas pouvoir y aller était la solution de leur ICBA.

Notons qu'une fois de plus, cet événement n'était que le facteur déclenchant : ceux qui ont été atteints par cette maladie avaient forcément le programme correspondant dans leur Empreinte de naissance.

Dans ce cas, il peut être question de chute ayant eu de graves conséquences issues de la mémoire familiale. Il peut s'agir aussi bien de chute sociale que de chute accidentelle, le conflit peut s'imprégner dans tous les domaines, c'est l'interprétation qui donne la tonalité de chute grave. Le cerveau lit toujours au 1er degré.

LA POLIOMYÉLITE ANTÉRIEURE AIGUË : MALADIE OBLIQUE

Imprégnation : phase de réalisation : gestation.

Cette maladie touche la corne antérieure de la mœlle qui est la transmission entre le système nerveux central et le système nerveux périphérique.

Le fait que cette transmission n'est pas assurée répond au projet : "Il ne faut pas que l'on voie l'ordre qui a été donné – donc il ne faut pas que l'ordre soit transmis – dans la tonalité du ressenti : "J'ai honte de ce que l'on voit de moi."

L'ordre du cerveau est clair, mais on ne doit pas le voir. Pour le syndrome de Guillain Barré, bien que légèrement similaire, le conflit est sensiblement différent. Ici toute tentative du mouvement doit être empêchée dès le début.

Paul

Paul, 54 ans a été atteint par la polio, à la jambe gauche.

Sa famille appartenait à un milieu assez bourgeois et au moment où sa mère l'attendait, une femme du même village se disait, elle aussi enceinte du même homme (son mari). Ce qui a provoqué chez la mère de Paul un grand sentiment de honte et d'humiliation : elle n'osait plus se montrer dans le village.

Le programme de l'enfant s'est donc mis en place pendant la gestation (phase de réalisation).

Le facteur déclenchant :

À l'âge de 4 ans, il est donc dans sa colonne 2 (réalisation), il est allé se baigner dans une rivière avec ses cousins plus âgés que lui et qui savaient tous nager, alors que lui ne savait pas.

Il n'a pas accepté son incapacité à nager comme eux : il a eu honte "de ce qu'ils voyaient de lui."

Le virus de la polio est venu "réparer" son conflit, le virus s'installe sur le terrain conflictuel "Il ne faut pas que mes cousins voient que je ne sais pas nager". Cela permet à Paul d'échapper à la honte d'être moins performant qu'eux.

C'est le membre inférieur gauche qui a été touché : il s'agit bien d'une atteinte au niveau de l'énergie mère, relisant l'imprégnation de la grossesse.

Lorsque Paul est venu en consultation, il avait 53 ans et 6 mois, c'est-à-dire qu'il est dans la colonne 2, la phase de réalisation.

L'expérience nous a montré que nous sommes le plus à même de prendre conscience de nos conflits, et donc guérir, lorsque nous nous trouvons dans la colonne correspondant à la phase d'imprégnation du conflit.

Dans ce cas précis, l'imprégnation est pendant la grossesse dans la phase réalisation.

Le facteur déclenchant et la mise à conscience du conflit sont également dans la 2e colonne du tableau.

Six mois plus tard sans aucune rééducation particulière, la jambe atrophiée de Paul avait récupéré une masse musculaire et une fonctionnalité importante qui lui semblait impossible à récupérer après cinquante ans de paralysie !

Laura : imprégnation le jour même de la naissance

Le jour où la mère de Laura est allée à l'hôpital pour la mettre au monde, son fils aîné – le frère de Laura – était également hospitalisé, à l'étage au-dessus, pour subir une appendicectomie.

Cette femme a ressenti une grande culpabilisation, une "honte en tant que mère" de ne pas pouvoir être auprès de son fils malade, "honte à l'idée que son fils puisse penser qu'elle l'abandonne, qu'elle est une mauvaise mère."

L'imprégnation du conflit de Laura se situe donc exactement au moment de sa naissance.

Le facteur déclenchant :

À 7 ans, dans la phase de répercuté de sa naissance, Laura est partie en classe verte pour une semaine, ce qui l'empêchait d'être présente au mariage de sa cousine.

Elle était heureuse de partir avec ses camarades, mais elle se sentait coupable de ne pas être là pour cette fête familiale : elle a eu honte à l'idée de ce que penserait sa famille de sa défection (Laura appartient à une culture très axée sur la famille ce qui explique son profond dilemme face au choix qui s'est posé à ce moment-là).

Nous retrouvons donc le ressenti de sa mère au moment de sa naissance, partagée entre la joie d'avoir un autre enfant et la honte de ne pas pouvoir remplir son devoir, d'"abandonner" son fils souffrant.

Pendant le séjour, elle est atteinte de polio au cours d'une baignade.

Événement de la même tonalité, au répercuté de la naissance : (cycles de l'Empreinte).

À 24 ans et 9 mois, c'est-à-dire à la relecture exacte de sa naissance, Laura, qui est d'origine étrangère, a dû se résoudre à quitter son pays où avaient lieu des troubles importants. Elle était très attachée à sa patrie, mais elle était également soulagée de pouvoir la quitter pour échapper au danger.

*Partagée entre son soulagement et son sentiment de culpabilité, elle redoutait le jugement possible des autres à propos de ce départ (défection, trahison, abandon) et ne s'autorisait pas à exprimer sa hâte de partir : face à ses amis, **elle en avait honte**. Nous retrouvons effectivement la même tonalité de partage entre honte et joie dans cet événement.*

LA MYOPATHIE : MALADIE HORIZONTALE

Imprégnation est liée à l'autonomie.

La myopathie concerne *la capacité de valorisation et de déplacement* sur son territoire.

C'est une maladie de l'horizontalité qui traduit un conflit d'impuissance – et *de dévalorisation* – dans le déplacement.

Jacques

Jacques est atteint de myopathie.

Cette maladie traduit un conflit d'impuissance et de dévalorisation dans le déplacement (tout ce qui touche aux muscles traduit des conflits au niveau de l'énergie mère).

Alors qu'elle envisageait de quitter son mari, la mère de Jacques a découvert qu'elle était enceinte ce qui a rendu son départ impossible.

Son vécu et son ressenti pendant la phase de la réalisation et de concrétisation a donc été "Je suis immobilisée", "impuissante dans le déplacement."

Le programme de Jacques a été imprégné pendant ces deux phases.

Le facteur déclenchant de la maladie :

Alors qu'il avait 8 ans, la famille de Jacques a été intoxiquée par les émanations du chauffage au gaz. Peu après, il s'est réveillé, mais n'a pas pu se relever. Il a essayé d'alerter ses parents inconscients par des cris.

En vain.

Il a éprouvé un grand stress en ne les voyant pas bouger et a effectivement eu une sensation d'impuissance dans le déplacement.

Finalement, en faisant du bruit, il a pu alerter un voisin qui a pu intervenir à temps mais lui, seul, n'avait rien pu faire (sentiment de dévalorisation).

Son programme s'est exécuté à partir de cet événement et a déclenché sa myopathie programmée.

Variations

LES PATHOLOGIES D'IDENTITÉ

Dans le chapitre III, nous avons évoqué les programmations de la phase "projet" en précisant qu'elles sont les plus prégnantes –

et les plus difficiles à résoudre – parce qu'elles touchent directement à l'identité.

Les enfants marqués par un projet parental conditionnel sont soumis à des conflits importants, car si ces conditions n'existent plus, c'est leur identité même qui est remise en question, en d'autres termes, *il n'y a plus aucune raison qu'ils existent.*

Deux exemples de conception sous conditions :

> – une femme dit à son mari : "Si tu as une promotion et que tu deviens directeur de ton service, on conçoit un enfant."

Une condition a été posée à propos de la vie de cet enfant (la promotion de son père) : si elle n'avait pas été remplie, il ne serait pas né, donc il existe "sous condition."

> – ou un mari à sa femme : "**Si** tu quittes ton amant et que tu reviens vers moi, j'accepte d'avoir l'enfant que tu désirais."

Il s'agit là encore d'une condition sine qua non : si cet enfant existe c'est que la condition posée a été remplie.

Tout cela inscrit chez l'enfant concerné : "J'existe **si**...."

Mais surtout :

"Je n'existe que sous conditions et ces conditions ne dépendent pas de moi."

Ce qui programme une angoisse existentielle profonde.

Biologiquement, c'est le système immunitaire qui détermine le conditionnel de vie. L'immunité est un conditionnel de vie : "être immunisé" signifie que l'on peut assimiler le produit dont on parle sans danger. Si "je suis immunisé, je peux vivre" et si "je ne le suis pas, je suis en danger de mort."

Il y a une maladie contemporaine qui touche l'écroulement du système immunitaire : le sida.

De plus en plus d'enfants sont conçus "sous condition" en raison, entre autres, de l'angoisse face aux événements mondiaux qui grandit dans la plupart de nos sociétés depuis quelque temps (nous sommes au niveau de l'inconscient collectif).

Tout le monde se pose beaucoup de questions et les couples, hésitant à avoir des enfants, en arrivent à s'imposer des conditions préalables pour se rassurer avant de prendre leur décision, ce qui peut peut-être donner un sens à l'extension du SIDA dans le monde actuel.

Mais ce programme de séropositivité peut être tout simplement un conditionnel tel que : "Un enfant, d'accord, mais seulement si c'est une fille..."

Et cette pensée discriminatoire au moment de la conception est fréquente.

Quel que soit le critère de cette condition, ce "oui – mais" inscrit en l'enfant qu'il n'est pas accueilli pour ce qu'il est, qu'il doit s'efforcer de remplir la condition posée sinon c'est sa vie même qui est remise en question.

Son conflit est : "Une condition est posée entre ce qui est "moi" ou "pas moi."

Son système immunitaire est alors menacé.

Les maladies du système immunitaire sont des conflits d'identité, elles sont programmées dans la Phase projet (période moins neuf mois à conception).

Michel : "D'accord, mais si c'est une fille"

Après la naissance de deux garçons, la mère de Michel, a accédé à la demande de son mari d'avoir un 3ᵉ enfant mais en formulant clairement qu'elle ne voulait pas d'un autre fils.

Durant toute la grossesse, elle a refusé d'envisager cette éventualité à tel point qu'à sa naissance, elle a refusé de voir Michel pendant vingt-quatre heures.

Le lendemain, ayant finalement accepté de l'accueillir, elle a déclaré en le prenant dans ses bras : "Eh bien, tant pis, ce sera ma fille !"

Michel a donc grandi avec cette injonction d'être une fille inscrite dans ses cellules biologiques. Il est homosexuel et, né sous conditions, il est également séropositif parce qu'il avait ce programme.

AUTRES EXEMPLES DE PATHOLOGIES

LA MALADIE DE CROHN

Nous avons déjà évoqué une des pathologies du système digestif avec le cas de Fabienne atteinte d'un ulcère à l'estomac.

Voici un autre exemple de pathologie du système digestif, au niveau des intestins.

Les intestins sont la dernière partie du système digestif composée de l'intestin grêle du gros intestin ou côlon. En terme général, l'intestin se rapporte à l'assimilation des nutriments, et l'élimination des excréments.

La maladie de Crohn est une nécrose de l'intestin. Le traitement chirurgical consiste à sectionner l'intestin nécrosé, puis à raccorder entre elles les parties saines, ce qui produit un raccourcissement du trajet intestinal.

Comme par hasard, on découvre que cette maladie exprime le conflit : "Ça va prendre trop de temps pour arriver au but, il faut raccourcir le temps pour assimiler."

Martine

La mère de Martine était très jeune lorsqu'elle a découvert qu'elle était enceinte.

Elle souhaitait garder l'enfant, mais elle avait peur que sa famille fasse pression sur elle pour qu'elle avorte et son fiancé, aussi jeune qu'elle, ne parvenait pas à se situer clairement.

Elle avait une pensée obsessionnelle : en être déjà à un stade où l'avortement ne serait plus possible, c'est-à-dire se retrouver immédiatement au 4ᵉ mois de grossesse.

Pour Martine, cette urgence à être dans l'avenir "sans laisser le temps au temps de se déployer dans l'espace" – temps de la gestation du bébé – a programmé la maladie de Crohn, dans la phase de réalisation.

À l'âge de 31 ans (phase de réalisation), Martine est mutée dans un service pour seulement un an avant que les travaux du nouveau service soit terminé. Dans ce service temporaire, elle doit cohabiter avec une collègue qu'elle ne peut supporter. Pour elle, un an c'est trop long, et elle déclenche la maladie de Crohn.

Ayant pris conscience de son histoire, Martine ne présente plus aucun trouble.

Gérard Athias trouve toujours un enfant caché dans le programme de la maladie de Crohn, cette histoire le confirme.

LE DIABÈTE

Nous avons déjà évoqué l'imprégnation du programme de diabète : lorsque nous avons besoin de faire un effort, nous prenons du sucre et lorsque que nous sommes dans une situation où il nous faut tenir malgré tout, notre cerveau augmente notre taux de sucre dans le sang, ce qui se traduit par de l'hyperglycémie, donc du *diabète*.

Nous avons vu que le ressenti de ce conflit est : "Il y a quelque chose qui me répugne, mais il faut que je tienne." Nous sommes dans la résistance[18].

À l'inverse *l'hypoglycémie*, comme dans le cas de Jean-Dominique traduit plutôt "Cela me répugne et je refuse de résister : je préfère disparaître."

La répugnance est alors plus forte que la résistance.

Hélène

Les parents d'Hélène se sont connus pendant la guerre.

Son père, militaire, avait pris pension, pour des raisons de service, chez les parents de sa mère. Les jeunes gens ont eu une relation sentimentale qui a, tout d'abord, donné naissance à un petit garçon, mais, alors que la jeune femme, de nouveau enceinte, attendait Hélène, le père des enfants l'a quittée, très brutalement.

---

[18] Il est d'ailleurs fréquent de trouver une mémoire de Résistants dans la généalogie de personnes qui ont du diabète.

Le vécu de cette jeune mère apprenant que cet homme, qu'elle aimait, décidait de partir en la laissant avec un enfant d'1 an et enceinte d'un autre, est fortement teinté de résistance : tout d'abord pour essayer de le retenir, puis pour faire face à cette situation très difficile à vivre : il fallait qu'elle "tienne", absolument.

Hélène, née dans la résistance, avait une programmation de diabète. Elle l'a développé à la mort de sa mère : très attachée à cette femme qui s'était sacrifiée pour élever correctement ses deux enfants dans des circonstances aussi lourdes, Hélène a senti son monde s'effondrer à sa disparition, et pour faire face à ce choc a eu besoin de "résister."

C'est en cessant de vivre dans la résistance permanente – qui ne se justifie pas dans son propre vécu – qu'Hélène peut rapidement régler son problème de diabète.

Insuffisance rénale et diabète sont souvent associés, car la résistance (pancréas), est souvent la solution face à l'effondrement (rein).

CANCER DES OVAIRES

Il y a des maladies dont le conflit est lié à la descendance.

C'est l'appareil génital qui a pour fonction d'assurer la descendance.

Rappelons que notre descendance concerne également tout ce que nous créons, ce que nous faisons "émerger de nous."

Pour l'animal, nous l'avons vu, il est inconcevable de perdre sa descendance (territoire, alimentation et descendance sont indissociables pour la survie.)

Pour y remédier, le cerveau biologique hypertrophie les testicules ou les ovaires afin de les rendre plus performants dans le but de créer une nouvelle descendance. Ovaires et testicules, sont liés à un conflit de perte.

Jeannine

Célibataire et sans enfant, Jeannine a été une enseignante passionnée par son travail et, pendant, près de quarante ans elle s'est dévouée corps et âme à ses élèves.

L'année de sa retraite, à trois mois de la fin de l'année scolaire, elle a développé un cancer des ovaires : elle allait perdre "ses enfants."

Elle a également eu des métastases au foie, cette atteinte traduisant un fort conflit de "manque."

L'inconscient cellulaire de Jeannine avait biologisé son conflit à l'idée de perdre tout ce qui avait tant compté dans sa vie pendant toutes ces années.

ADÉNOME DE LA PROSTATE.

Dans l'appareil génital masculin, la prostate fournit le liquide séminal qui nettoie, protège et transporte les spermatozoïdes, dans le représenté il est le véhicule de la lignée ancestrale. Il assure la transmission. Une pathologie de la prostate traduit le conflit : "L'empreinte de mon héritage génétique n'est pas reconnue", "je n'ai pas pu le transmettre."

Pour l'inconscient animal, "Si mon patrimoine génétique est en échec, c'est que mon stock de liquide séminal n'est pas assez puissant."

Sa solution est alors d'hypertrophier la prostate pour augmenter la production de liquide séminal, et que la transmission soit reconnue.

Albert

Il déclare un adénome de la prostate, dans l'année où son fils intègre un mouvement giscardien, alors qu'en 1936 son père était militant du Front populaire, lui-même a été élu politique, membre du Parti communiste. Pour Albert, la mémoire de son père n'est pas respectée, la transmission familiale n'est pas reconnue, elle est même bafouée.

MÉLANOME AU NIVEAU DE L'OMOPLATE

En schématisant, les problèmes de peau sont des conflits de contact, se traduisant de deux sortes :

- conflit de séparation : le cerveau creuse pour retrouver le contact (eczéma – psoriasis) ;

165

- conflit de danger ou de salissure dont il faut se protéger, le cerveau produit de la masse pour épaissir ou recouvrir l'endroit en danger.

Madeleine

Un mélanome au niveau de l'omoplate gauche traduit le conflit d'un "danger" à ce niveau : quelque chose dans le passé de Madeleine la "salit" et la "met complètement à plat." (omoplate / "homme à plat").

Elle reconnaît qu'elle ressentait le besoin de se protéger en permanence du regard que les autres auraient dans son dos comme s'il pouvait la salir ou la blesser.

La mélanine remonte de la profondeur des tissus pour venir protéger la peau.

Au moment de sa naissance, les parents de Madeleine tenaient une petite entreprise dont ils n'étaient pas propriétaires : ils avaient repris l'affaire des grands-parents maternels, mais n'avaient pas les moyens de racheter leurs parts aux autres enfants (frères et sœurs de la mère) parce qu'ils devaient aussi investir de l'argent pour faire marcher ce commerce.

Ils se savaient en dette et travaillaient dur en redoutant que tôt ou tard on leur demande des comptes mais ils savaient aussi que s'ils payaient, ils seraient ruinés ("à plat").

Comme ils profitaient d'un bien commun sans en donner compensation, ils craignaient que, dans leur dos, ils soient considérés comme des profiteurs, voire des malhonnêtes. Sa mère tout particulièrement le vivait très mal : elle se sentait "salie" par cette dette et la portait sur le dos, en permanence.

L'Empreinte de Madeleine a été imprégnée par le vécu de ses parents.

À l'adolescence, ne se sentant pas bien dans le milieu familial, Madeleine restait le moins possible chez ses parents : elle découchait souvent pour aller dormir chez des amies, mais sa mère était persuadée qu'elle allait passer la nuit avec des garçons et, leur relation étant conflictuelle, Madeleine ne parvenait pas à la convaincre de son innocence.

Elle se souvient de sa souffrance lorsqu'elle sentait le regard que sa mère portait sur elle – sur son dos – au moment où elle quittait la maison pour aller dormir ailleurs, sans pouvoir s'expliquer avec elle pour se déculpabiliser. C'était un regard méprisant, dévalorisant, salissant dont il fallait se protéger.

Son cerveau a biologisé son conflit en se protégeant avec la mélanine.

C'est le facteur déclenchant du mélanome de Madeleine, relisant le conflit de ses parents et de leur dette, comme "une salissure collée sur le dos."

PNEUMOTHORAX

Alain

À 25 ans, Alain a fait un pneumothorax du côté gauche (rétraction du poumon).

Les parents d'Alain avaient du mal à s'exprimer l'un envers l'autre et Alain a été en quelque sorte conçu pour faciliter cette communication.

Dès sa naissance, il a présenté des signes respiratoires : il cessait de respirer lorsque quelqu'un le touchait.

Avec ce programme, son rôle étant de faire communiquer ses parents, cet espace de communication est son territoire vital : il ne peut "respirer" que dans le milieu parental, et il prend un risque en s'en éloignant.

C'est pourquoi il fait un pneumothorax peu de temps après s'être installé dans une autre ville pour poursuivre ses études.

Ce pneumothorax traduit en effet le conflit : "Un autre nid est dangereux" ou encore, "Si je vais respirer ailleurs, je suis mort."

En comprenant son programme, il peut aujourd'hui se donner le droit de "prendre son air" afin de trouver sa propre respiration, hors de ses parents, ce qu'inconsciemment, il ne s'autorisait pas à faire et il peut désormais s'autoriser à vivre dans son espace – son territoire – personnel.

Précisons que les exemples proposés dans ce chapitre ne doivent pas être perçus comme des lectures à généraliser hors de leur contexte individuel : toute pathologie est toujours à resituer dans l'histoire – unique – de la personne concernée.

LES ACCIDENTS : FRUITS DU HASARD ?

Marc

De tempérament très indépendant, Marc avait pris l'habitude d'être son propre maître, sans attaches d'aucune sorte.

Sa vie a changé lorsqu'il a rencontré Julie. Ils se sont mariés et ont conçu un enfant assez rapidement.

La naissance de l'enfant était prévue pour le 12 mars, mais il est né avec un mois d'avance. Or, à trois jours de la date prévue initialement pour la naissance du bébé, (le bébé a déjà 1 mois) Marc, qui faisait des travaux avec une tronçonneuse, s'est profondément entaillé la jambe gauche, à tel point que la lame a atteint le périoste du tibia.

Que signifie cet accident ?

Nous avons dit qu'à 3 ans un enfant prend sa place dans la famille : son énergie sexuelle va commencer à se mettre en place. À ce moment-là, les genoux jusqu'alors tournés vers l'intérieur se tournent vers l'extérieur, le tibia fait une rotation vers l'extérieur afin de repositionner le bassin (celui-ci pourra ainsi accueillir cette nouvelle énergie sexuelle.)

"Tibia" (tri- bi) signifie "3 – 2."

Le tibia représente le passage du 3 au 2 : l'enfant était jusqu'alors le "3" de la relation père / mère / enfant et désormais, étant sexuellement situé, il passe dans le "2", c'est-à-dire dans la relation homme / femme. Il passe d'enfant (3) à être sexué (2).

Marc, qui se coupe au niveau du tibia à la date que son cerveau avait enregistrée comme étant celle de la naissance de son enfant, exprime inconsciemment à quel

168

point, il est sollicité dans sa place d'homme et de père par l'arrivée d'un enfant dans sa vie.

La naissance de son fils incarne la séparation d'avec sa vie sans attaches et sans responsabilités.

Cet enfant le sollicite en tant qu'homme – le tibia représente aussi la "verticalisation" – et, pour le père, son arrivée signe la fin de sa vie de célibataire. Il devient chargé de famille.

Atteint à la jambe gauche, c'est bien l'affectif qui est concerné et dans l'énergie – mère – Terre (membre inférieur) : il est obligé de quitter ses bases (sa terre) habituelles, de changer de fonctionnement pour s'adapter à son nouveau statut d'époux et de père.

C'est sa notion de territoire qui en est affectée.

Julien

Julien, passionné par le dessin, n'osait pas faire le choix de vivre totalement cette passion face à son père qui souhaitait lui voir faire des études "plus sérieuses."

Cédant à ses vœux, puisqu'il ne parvenait pas à se situer clairement, il a entrepris des études scientifiques.

Lors d'une période d'examens, il a eu un accident de moto : il a traversé une vitrine et s'est profondément coupé l'avant-bras droit au niveau du radius.

Le radius, est le "rayon" de l'action, c'est lui qui vient envelopper – en le croisant – le cubitus au moment de l'action.

N'arrivant pas à trancher entre l'activité qu'il souhaitait avoir et le désir de son père, il n'a pas trouvé son "rayon" d'action et a biologisé son conflit par cet accident en se coupant l'avant-bras droit (côté de l'action) au niveau du radius.

Comme c'est une atteinte au membre supérieur, il s'agit d'un conflit touchant au relationnel, lié au rayonnement dans l'action (avant-bras droit).

Notons aussi que le père est représenté ici par la vitrine (le verre laisse passer la lumière qui est l'énergie du père), mais il est transparent pour son père.

Ceci pour dire que même ce que nous qualifions "d'accident" a un sens biologique.

La chance ou la malchance n'ont pas plus cours dans ces situations que dans les autres : dans tous les cas, il y a l'accident proprement dit – une ceinture de sécurité mal mise, un coup reçu ou une manœuvre maladroite – mais en profondeur, *un accident est toujours l'expression d'un conflit* et comme pour les maladies, *l'atteinte* **physique** *qu'il provoque, exprime avec précision la nature de son conflit.*

"ŒDIPE"

Issus d'un homme et d'une femme, nous sommes incarnés dans le masculin et le féminin, l'un n'existe pas sans l'autre : nul n'est uniquement masculin ou uniquement féminin.

Le symbole ☯ du Taïki est celui de l'équilibre entre le féminin et le masculin (Yin / Yang). Le masculin existe avec le féminin et réciproquement.

Cependant il nous faut intégrer l'être sexué que nous sommes. La période de l'Œdipe reconnue par la psychologie moderne est déterminante dans notre existence.

La lecture que Claude Sabbah a faite de cette phase de l'Œdipe correspond parfaitement à ce qui a été expliqué sur le fait que la vie est un passage permanent du temps à l'espace : de la verticale à l'horizontale.

Il n'y a pas de vie sans ce passage.

Revenons une fois encore à ce moment essentiel qu'est la conception.

À l'instant T, le passage de la verticale à l'horizontale se fait dans une bascule à 90°.

La notion de passage à 90° est très importante parce que nous la retrouvons dans la période du complexe d'Œdipe, entre 3 et 6 ans.

La tonalité et la qualité de cette phase d'évolution ont des répercussions sur la façon dont nous nous situons dans notre vie en tant qu'homme ou en tant que femme.

En effet, quelle que soit la façon dont nous avons "vécu l'Œdipe", nous cherchons à retrouver toute notre vie la même qualité, la même tonalité, dans nos couples que ce que nous avons vécu lors de notre premier émoi sexué.

Pour le petit garçon, c'est le père qui représente le modèle sexuel et la mère qui donne la *différenciation*.

Vers 3-4 ans, le petit garçon exprime le désir que lorsqu'il sera grand, il épousera sa maman.

C'est à ce moment-là que la mère doit expliquer à son fils, qu'on ne se marie pas avec sa mère – il n'y a pas de relations sexuelles dans la verticalité –, mais à l'image de son père, il prendra une femme qu'il "couchera à l'horizontal"...

C'est dans un angle à 90° que se fait l'Œdipe.

Il arrive parfois que la mère soit absente (réellement ou symboliquement). Le petit garçon se réfugiera alors auprès d'une autre femme, par exemple, sa grand-mère ou une petite voisine de 11 ans...

Dans ce cas, cette "mère de substitution" étant pour l'enfant le modèle de son premier grand Amour, représentera le féminin pour lui.

Son Œdipe sera alors "dévié" soit vers une femme plus âgée que la norme, soit vers une femme plus jeune dans le même angle de 90° et toute sa vie, il cherchera une femme qui aura le même décalage en âge.

Si l'Œdipe se fait par rapport à plusieurs femmes, ce jeune garçon peut devenir un "homme à femmes" parce qu'alors plusieurs femmes représentent la mère.

Ceci, encore une fois, parce que nous recherchons, toujours par survie, à retrouver ce qui a suscité notre première impulsion sexuelle : sa tonalité sera pour nous l'archétype du premier amour "le grand A."

Ce qui explique par exemple qu'un petit garçon dont la pulsion sexuelle aura été éveillée par des attouchements voire un viol de la part d'un homme sera susceptible de reproduire ces attitudes pédophiles, homosexuelles et/ou de violence.

Pour une fille, nous inverserons simplement les rôles énergétiques père / mère.

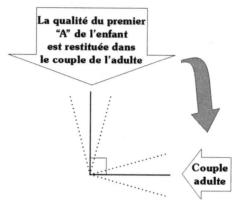

Schéma n°28 - L'Œdipe

Anne-Sophie

Anne-Sophie et Vincent sont jumeaux, ils ont donc été élevés ensemble et ont partagé la même chambre jusqu'à l'âge de 10 ans.

Pour Anne-Sophie, cette gémellité représente l'archétype du couple et elle a toujours cherché à retrouver auprès de ses partenaires masculins cette entente basée sur une complicité fraternelle, de mode ludique et directe, plus proche de l' "amitié – amoureuse" que de l'amour passionnel ou basé sur une séduction – plus érotique – qui se joue généralement entre un homme et une femme.

Brigitte

Enfant et adolescente, Brigitte a été victime de l'attitude incestueuse de son grand-père. Se sentant profondément coupable, elle n'a jamais osé en parler à personne.

Elle s'est mariée relativement jeune – avec un homme pourtant de son âge – pour sortir de ce milieu malsain... et est très rapidement devenue la maîtresse du père de son mari : un homme beaucoup plus âgé qu'elle, comme son grand-père.

﹡ DE LA MALADIE À LA GUÉRISON

Avant toute chose, rappelons-nous que la guérison d'une maladie passe par sa reconnaissance : il faut savoir être malade et accueillir cette maladie parce qu'elle a un sens dans notre vie.

En faisant le lien entre le projet initial de notre inconscient cellulaire et la maladie, nous pouvons nous libérer de notre conflit et guérir tout simplement parce que notre cerveau n'aura alors plus à le biologiser.

Un thérapeute, quel qu'il soit, a pour rôle d'aider le malade à trouver le sens de sa maladie. Il est indispensable de passer par cette phase de conscience pour guérir réellement.

Soigner le corps est, bien sûr, essentiel, nous avons besoin de la médecine pour accompagner la réparation, mais cela ne peut suffire pour la guérison.

Il faut donner à chacun le pouvoir de sa propre guérison, si l'on veut éviter les récidives.

Dans notre Empreinte sont inscrits nos programmes de guérison tout autant que nos programmes de maladie : accéder à notre structure fondamentale nous donne les clés de notre guérison.

La reconnaissance de nos maladies nous permet de changer de plan, d'accéder à la non-dualité, à la conscience et s'il est vécu consciemment, tout événement susceptible d'être facteur déclenchant de nos programmes, cesse d'être une source de pathologie pour *devenir une possibilité d'évolution* : cessant de subir nos programmes, nous les transformons en tremplin pour notre créativité.

Guérir, c'est "remettre les choses à leur place" : accéder à la guérison consiste à (ré-) apprendre à se situer clairement en tant qu'homme entre le ciel, en haut et la terre, en bas...

C'est, en fait, prendre conscience de notre place et de notre rôle dans la manifestation, à travers les différents règnes de l'évolution, dans le temps et l'espace.

"Ouvrir la porte à la guérison" passe par :

- **la vérité,**

- **la singularité,**

- **la créativité.**

Résumé

Toutes nos pathologies sont issues d'un projet de notre cerveau biologique et connaissent trois phases : projet / réalisation / concrétisation.

Toute maladie a son programme dans l'Empreinte de naissance (vingt-sept mois).

Pour trouver le sens d'une maladie – le projet qu'elle exprime – la question est : "Quelle est l'utilité biologique de cette atteinte ?"

Nous nous incarnons dans le temps et dans l'espace : à partir de cette notion de ce passage – à 90° – de la verticale qui se déploie dans l'horizontale, nous pouvons discerner les maladies "verticales", liées au temps et les maladies "horizontales", liées à l'espace. Les maladies "obliques" sont celles qui sont liées à l'espace et au temps avec une dominante temps ou une dominante espace.

- L'énergie de la terre est ce qui regroupe, ramène vers le centre, le réel, l'énergie de la mère.

- L'énergie du ciel est ce qui pousse vers l'extérieur, l'abstrait, l'énergie du père.

La verticalité est l'énergie du père : le projet.

La gestation est le monde de l'enfant, c'est le monde de la relation, du lien, de l'amour : la réalisation.

L'horizontalité est l'énergie de la mère : la concrétisation /l'autonomie.

La maladie comme chaque élément de notre vie peut être lue sur trois niveaux.

Soigner le corps est, bien sûr, essentiel, nous avons besoin de la médecine pour accompagner la réparation, mais cela ne peut suffire pour la guérison.

Il faut donner à chacun le pouvoir de sa propre guérison, si l'on veut éviter les récidives.

La guérison passe par trois points essentiels : "Vérité, singularité, créativité."

CHAPITRE 6

L'apport de la généalogie

"RAISINS VERTS ET DENTS AGACÉES[19]"

NOTRE EMPREINTE RESTITUE NOTRE GÉNÉALOGIE

Le travail sur l'Empreinte nous amène logiquement à parler de généalogie parce *que tout ce qui est inscrit dans notre Empreinte l'est également dans notre généalogie – en termes de tonalité.*

Autrement dit, *notre Empreinte restitue toute notre histoire généalogique.*

Au moment de la conception, le spermatozoïde du père est chargé d'une mémoire familiale, de même que l'ovule de la mère porte la mémoire de sa lignée ancestrale, ce qui implique que chaque cellule qui forme le corps de l'enfant est également chargée de ces mémoires. Nous sommes tous porteurs d'une histoire généalogique et chacun de nous incarne toute l'histoire de sa lignée familiale.

UN INCONSCIENT TOUJOURS ACTIF

Nos parents sont les enfants de leurs parents – qui sont eux-mêmes enfants de leurs parents, etc. – et, de génération en génération, leurs cellules respectives ont chargé des programmes

---

[19] "Les parents ont mangé les raisins verts et les enfants ont eu les dents agacées." (Ezéchiel 18 : 2)

issus de différents conflits non résolus. Or, ces conflits non résolus de la lignée familiale continuent de s'incarner dans la biologie en se gravant sur notre Empreinte au moment de la conception, et ce, tant qu'ils ne sont pas libérés, c'est-à-dire mis à conscience.

Porteurs de toute une histoire généalogique, nous en sommes l'aboutissement ou plus précisément la résultante : chacun de nous est le "creuset" de la totalité de ces mémoires. Nous restituons la mémoire de notre généalogie.

À partir de l'analyse de la structure de notre Empreinte, nous pouvons libérer ces conflits ancestraux par une mise à conscience de ces mémoires enfouies qui permet la transmutation de leurs énergies.

Nous comprendrons alors qu'en faisant un travail sur soi, nous le faisons non seulement pour nous-même, en tant qu'individu, mais pour toute notre lignée familiale puisque, plus nous prenons conscience, plus nous exprimons ce qui est inscrit en nous, et plus nous allégeons le poids de ce que nous transmettons aux générations qui nous suivent.

Cette libération des conflits concerne aussi bien *notre ascendance que notre descendance.* En effet, lorsque nous prenons conscience d'un conflit personnel, *nous le déprogrammons pour nos enfants, mais également pour nos parents,* nos grands-parents, etc.. et – nous le verrons bientôt – par extension, bien au-delà de notre seule lignée familiale.

Chacune de nos actions individuelles agit sur toute notre généalogie, que nos ascendants soient encore de ce monde ou non, car encore une fois tout ceci est à lire hors du temps.

LES QUATRE GÉNÉRATIONS

En bioanalogie, nous considérons essentiellement les trois générations qui nous précèdent pour la raison suivante : la lecture du monde étant en trois niveaux, tout événement non résolu au niveau des arrière-grands-parents s'incarne trois générations plus tard : les maladies congénitales sont toujours l'expression d'un conflit vécu dans la 4e génération (arrière-grands-parents) et qui, engrammé dans la mémoire familiale, s'incarne chez un enfant de cette génération cible.

À partir de la lecture symbolique du CIT, nous obtenons :

- **Génération I** : les arrière-grands-parents représentent le *"projet" (l'essence, l'"âme" de notre existence)*.

- **Génération II** : les grands-parents sont le lien : le *"jet" entre la mémoire des AGP et les parents : c'est ce que nous avons à "œuvrer" (la réalisation de/dans notre existence)*.

- **Génération III** : les parents sont la *"cible"* (notre énergie Terre, la concrétisation, l'accomplissement de notre existence), ils représentent *l'autonomie*.

- **Génération IV** : *l'enfant est la réalité du projet ayant atteint sa cible, il restitue les trois générations antérieures*.

La généalogie peut alors nous aider à cerner plus précisément – pour les résoudre – les conflits trans-générationnels dont nous sommes porteurs au niveau de notre incarnation.

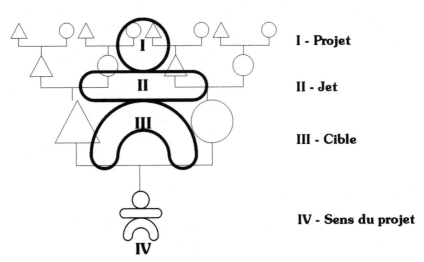

I - **Projet**

II - **Jet**

III - **Cible**

IV - **Sens du projet**

Schéma n°29 - Les quatre générations

Comme nous l'avons fait pour la matrice divine, nous pouvons remonter le temps à travers notre Empreinte pour analyser de quelle manière elle a été imprégnée par ces conflits non résolus du passé familial.

Dans ce cas, nous considérons les cycles de neuf mois en neuf mois sur une période d'environ cent ans – jusqu'aux arrière-grands-parents- à partir de notre Empreinte de naissance pour mettre à jour certains cycles familiaux : cette analyse nous permet de cerner l'essence de notre lignée. Pour Élisabeth Horowitz, un cycle de cent ans est un cycle d'humanité, puisqu'il représente le "de mémoire d'homme."

LES RÉSONANCES DANS L'ARBRE GÉNÉALOGIQUE.

Nous avons vu précédemment que lorsque nous disons "père", nous parlons de trois personnes en même temps puisque, par ce seul mot, nous nommons aussi, obligatoirement, la mère et l'enfant.

Biologiquement, pour faire une famille, il faut être 3 : un homme, une femme et un enfant.

À deux, nous formons un couple.

L'équation biologique de la famille est : "1 + 1 = 3."

Le trois est le nombre de la vie : sans le trois, il n'y a pas de vie possible.

UNE RÉSONANCE HORIZONTALE

Toujours biologiquement, cette lecture existe également dans l'horizontalité : ainsi, pour une fratrie, les trois premiers enfants (fausses couches et IVG comprises) forment dans le représenté une 1ère "famille."

Les enfants suivants (4, 5, 6) forment une 2e entité, le n° 4 étant l'aîné de cette nouvelle fratrie.

Si la famille s'agrandit encore, les enfants 7, 8, 9 formeront à leur tour une nouvelle famille (3e fratrie dont l'aîné est l'enfant n°7), etc.

180

Le "carré magique" en Généalogie

1	2	3
4	5	6
7	8	9
10	11	12

Il y a des vibrations spécifiques, des résonances, entre les enfants de même rang dans les différentes fratries d'une famille :

- d'aîné de fratrie à aîné de fratrie : n° 1, n° 4, n° 7 ;

- de même, entre les n° 2, n° 5 et n° 8 qui sont les seconds de chaque fratrie considérée ;

- entre les n° 3, n° 6 et n° 9, etc.

"Résonance" signifie qu'il y a une sensibilité plus fine au niveau des vibrations d'énergie, une perception commune et une plus grande affinité entre les membres de la famille de même rang.

Schématiquement, dans les fratries :

- les n° 1 sont dépositaires de la lignée familiale, ils se sentent garants de l'institution, de la tradition familiale ("pilier de la famille") et sont plutôt installés dans le masculin, l'action ;

- les n° 2 sont plus dans la relation, la réceptivité, dans l'énergie féminine. Ce sont les médiateurs ;

- les n° 3 ont plutôt tendance à faire "bouger les choses" – au risque parfois de faire basculer la famille –, ce sont les innovateurs, les créatifs, les concepteurs ou... les "rebelles."

Les trois enfants :

3	6	9	Le créatif Le rebelle
2	5	8	Le médiateur Le communicant
1	4	7	Le pilier de la famille

Pour information, précisons qu'il est préférable que l'écart entre deux enfants dans une fratrie soit d'au moins trois ans.

En effet, nous avons vu que c'est à cet âge qu'un enfant prend véritablement sa place dans la famille – il se pose en tant qu'être sexuellement situé et indépendant – et un écart moindre, de dix-huit mois ou deux ans, a tendance à créer certaines confusions dans les places respectives des enfants au sein de la famille, des *énergies* de gémellité ou de couples incestueux.

Nous trouvons souvent dans ce cas des personnes dont le conjoint porte le prénom d'un de leur frère – ou sœur –, ceci parce que le duo qu'elles formaient avec lui – ou elle – est leur référence : il représente leur *premier couple* et elles cherchent inconsciemment à le faire revivre.

Dans la mesure où un enfant unique forme sa famille (1+1 = 3) uniquement et directement avec ses parents, il peut éprouver une difficulté à fonder sa propre famille. En effet, en devenant père – ou mère – , il change de rôle (enfant) ce qui brise la 1ère famille, sa famille de référence.

Au niveau de son inconscient cellulaire, cela peut programmer une "interdiction" de devenir adulte, ou un risque de confondre son conjoint avec son père ou sa mère.

UNE RÉSONANCE VERTICALE

Les résonances individuelles existent également dans le sens vertical : de génération en génération.

Cette lecture peut donner de précieuses informations : rappelons-nous que, biologiquement, il est tenu compte des IVG et des fausses couches et qu'il est particulièrement important de savoir si nous vibrons à ces mémoires d'enfants morts prématurément (cf. "les enfants de l'Angélus" ch. 4).

De la même façon, en tant que n° 1, n° 2 ou n° 3, nous porterons une attention accrue à ceux de nos ancêtres qui ont le même numéro dans leurs fratries respectives : ces personnages de notre arbre[20] ont en effet une résonance plus particulière en nous.

Sur le même principe, il est également intéressant de chercher les résonances avec soit les dates piliers de notre empreinte, soit nos dates personnelles qui correspondent à des dates dans l'arbre généalogique.

En thérapie, le répercuté de – ou + neuf mois est une date essentielle pour les prises de conscience. Elle correspond en effet à ce passage du sédentaire au nomade, elle correspond aussi quelque part à ce saut quantique dont nous allons parler. Ces dates représentent des moments privilégiés de notre existence.

Nous développerons cela dans un prochain ouvrage.

En effet, ces dates "miroirs" nous indiquent qu'il nous est demandé de vivre en conscience un événement ou un ressenti qui n'a pas pu l'être à cette époque.

Par exemple, si notre date de conception correspond à la date de mariage de nos grands-parents, quelque chose dans cet événement n'a pas été vraiment "juste", consciemment parlant : il est possible que cette union ait eu un objectif autre que de simplement fonder un foyer.

Nous devenons dans ce cas le "personnage cible" de l'événement dont la date est identique à l'une des nôtres : il nous interpelle par-delà les générations. Nous avons alors la possibilité de dénouer un conflit familial engrammé par le simple fait de l'amener à conscience.

---

[20] Elisabeth Horowitz construit ses arbres "en descendant", l'enfant étant en haut de l'arbre, ce qui dans le représenté libère de la créativité et permet de sortir de l'inceste familial. C'est un point de vue que je trouve très intéressant même si, personnellement, pour des raisons d'habitude de lecture, je les construis en remontant.

Pour cela, il suffit de le reporter sur notre tableau en remontant de neuf mois en neuf mois jusqu'à la date considérée : la colonne où se situe l'événement nous apporte des informations supplémentaires quant à l'énergie liée à cet événement ou ce personnage qui aura informé notre Empreinte personnelle.

C'est ainsi que, dans une fratrie, l'un des enfants peut avoir dans son Empreinte le répercuté d'un certain événement dont la date sera en résonance avec l'une des siennes (ex : noyade du grand-père), tandis que le second sera porteur d'une autre énergie non résolue (ex : abandon de la grand-mère à sa naissance), etc.

L'Empreinte de chacun sera imprégnée d'un événement de même tonalité et, tout en étant de la même fratrie, ces personnages n'auront les mêmes résonances généalogiques.

Carole

Carole est née à la date (jour et mois) du mariage de ses grands-parents maternels.

Cela signifie que Carole est la personne cible de cet événement (le mariage de ses grands-parents).

C'est un peu comme si la biologie par la généalogie, lui proposait de remettre en conscience ce qui n'était pas juste au mariage de ses grands-parents.

Comme il a été précisé, le recours à la généalogie n'est pas systématique en bioanalogie puisque nous considérons que chaque instant, chaque événement de notre vie contient en soi la totalité de notre histoire personnelle, mais cette source d'information apporte un éclairage supplémentaire et permet de clarifier ou de confirmer certains points au cours de l'analyse d'une Empreinte.

À partir d'une analyse familiale, il est toujours très enrichissant de chercher en quoi notre généalogie restitue *notre vie de tous les jours.*

Cette démarche est possible en lisant notre arbre généalogique hors du temps ce qui nous permet de réaliser que notre arbre est à l'image de ce que nous vivons aujourd'hui en tant qu'individu. **Nous réalisons alors que nous sommes acteur de notre arbre à chaque instant de notre vie.**

Ces divers points seront développés plus longuement dans un prochain ouvrage.

Quelques exemples de conflits non résolus dans les générations précédentes :

Bruno né avec un bec-de-lièvre

Le couple des arrière-grands-parents de Bruno avait longtemps cru à une promesse d'héritage de la part d'un de leurs grand-pères, mais au moment de son décès, ils ont constaté, avec une grande frustration, qu'il ne restait plus rien de sa fortune.

Bruno est né avec un bec-de-lièvre.

Comme toujours, cette atteinte est expression de la biologie animale.

*Un prédateur attrape sa proie dans sa gueule, mais si cette proie lui échappe, son cerveau inscrit le regret de ne pas avoir eu **la bouche plus grande** pour mieux "engranger" sa proie et ainsi la conserver.*

Au niveau du ressenti familial, la frustration d'avoir vu une "proie" leur échapper s'est imprimée et le cerveau biologique de Bruno, imprégné de ce conflit non résolu, a enregistré la nécessité d'agrandir sa cavité buccale pour mieux contenir les proies à venir, ce qui a généré la malformation de la voûte sphéno – palatine connue sous le nom de "bec-de-lièvre."

Annie née avec la main gauche atrophiée

L'arrière-grand-mère d'Annie servait dans une maison bourgeoise où elle a vécu une relation amoureuse avec le fils de la famille, jeune étudiant en médecine.

Elle a sans doute rêvé de mariage, mais cela ne s'est pas réalisé, parce que la famille du jeune homme s'est opposée à cette mésalliance.

Quoi qu'il en soit, la jeune femme "répudiée" a finalement épousé un paysan, mais à l'évidence, il s'agissait d'une union par dépit et l'attitude méprisante et critique qu'elle a affichée vis-à-vis de son mari durant toute sa vie témoigne de sa profonde déception.

*La souffrance inscrite par ce conflit non résolu est que l'amour et l'alliance sont ou interdits ou sources de grave déception, et qu'il faut les proscrire : "Il ne faut pas donner son cœur, tendre sa main pour **faire alliance**."*

Dans le représenté, la main gauche est celle du cœur, de l'alliance et du mariage.

Annie, arrière-petite-fille de cette femme blessée par l'amour incarne cet "interdit" de faire alliance par sa main gauche atrophiée.

Bernadette née avec deux langues

Bernadette avait une problématique de communication et à la génération précédente, sa mère est née avec une langue bifide (séparée en deux parties).

Son arrière-grand-père se trouvait au Chemin des Dames (guerre de 14-18), où les tranchées françaises et allemandes étaient très proches les unes des autres.

À la suite d'un éclatement d'obus, il s'est retrouvé enseveli sous une grande quantité de terre et il est resté toute une journée dans cette situation critique sans pouvoir se dégager et le plus angoissant pour lui a été de ne pas savoir choisir dans quelle langue appeler au secours.

*En effet, s'il appelait en français et était entendu par des Allemands, il risquait sa vie et s'il appelait en allemand et que des français étaient proches, il était également en danger de mort. **Il aurait fallu qu'il puisse appeler en deux langues en même temps.***

La solution de survie enregistrée par son cerveau a donc été qu'il fallait avoir "deux langues" (biologisation du conflit), ce qui s'est incarné chez son arrière petite-fille (mère de Bernadette).

*En ce qui la concerne, Bernadette tentait de régler des problèmes de confusions dans sa communication... En effet, depuis cet événement, les générations suivantes ont connu de grandes difficultés de communication parce qu'il était inscrit dans la mémoire familiale qu'il fallait "**pouvoir dire les choses de deux manières différentes à la fois.**"*

186

Catherine née avec un "double vagin"

Cette particularité congénitale n'a été décelée qu'au moment de la première grossesse de Catherine.

Depuis toujours, Catherine avait du mal à bien vivre sa féminité : pour elle, celle-ci était teintée d'une sensation de souillure et elle avait du mal à se situer dans cette énergie.

Dans la généalogie de Catherine, de génération en génération, se retrouve le même profil de femmes libres, aux mœurs plus ou moins légères, mais sachant que tout ce qui est congénital parle de la mémoire d'un conflit au niveau de la 4e génération, il fallait rechercher quelle arrière-grand-mère aurait eu "utilité" à avoir deux vagins.

Elle a alors appris que son arrière-grand-mère paternelle avait eu, dès l'âge de 14 ans, une conduite réprouvée par la morale et la réputation d'être une fille "particulièrement facile", ne dédaignant pas de se faire rétribuer...

Ses mœurs dissolues l'ont mise au ban de la communauté familiale et la mémoire inscrite est que les femmes qui aiment ouvertement le plaisir sont des "p....." Alors que les mères de famille sont "des saintes." Il y a alors un choix à faire entre le plaisir et la maternité, qui ne sont désormais plus compatibles.

Pour les femmes de cette lignée, il faut être "maman" ou "P...."

À la 4e génération, le conflit non résolu s'incarne en Catherine, il faut avoir deux vagins : un pour être femme et un pour être mère.

Relisant cette même mémoire (non biologisée), sa grand-mère paternelle a eu deux hommes dans sa vie : après le décès de son mari, elle a vécu maritalement avec un autre homme, ce qui à l'époque était très "révolutionnaire" et sévèrement critiqué par la morale.

Ce compagnon était, pour Catherine, son "pépé" et personne dans l'entourage familial n'a démenti l'enfant même lorsqu'elle allait se recueillir sur la tombe du "grand-père" (mari) avec sa grand-mère en présence de son "grand-père" ("amant").

Dans son représenté, sa grand-mère avait donc bien eu "un homme pour concevoir ses enfants et un homme pour le plaisir."

Du côté maternel, il y a également des femmes ayant eu un ou plusieurs amants de génération en génération et son arrière-grand-mère maternelle avait un neveu proxénète.

Ainsi, nous trouvons la même imprégnation du côté paternel et du côté maternel.

Et il s'est inscrit dans la mémoire familiale, des deux côtés, – et dans le corps de Catherine – qu'il fallait avoir un vagin "réservé au mari et à la maternité", un autre pour le ou les amants et le plaisir de la femme.

Ce qui explique qu'elle soit née avec "deux vagins" : un pour concevoir, un pour le plaisir.

Au cours du stage, Catherine s'est remémoré qu'étant jeune fille, elle ressentait profondément deux envies : être "p......".. ou mère de famille...

À 18 ans, elle se sentait attirée par le monde de la prostitution, sans bien savoir pourquoi, et elle éprouvait le besoin d'aller se promener dans des rues réputées pour être des lieux de prostitution.

Catherine a également compris pourquoi, à la naissance de sa fille, son désir sexuel envers son mari s'était subitement amoindri : comme il était inscrit dans son inconscient biologique qu' "il faut un vagin pour concevoir et un autre pour vivre sa vie de femme", le mari / géniteur et l'amant ne pouvaient pas être le même homme : son mari, devenu père, ne pouvait plus être son amant.

La prise de conscience de l'histoire inscrite en elle, mais ne lui appartenant pas, lui a permis de s'en libérer et de retrouver des relations harmonieuses avec elle-même, en tant que femme et mère, et avec son mari, en tant que père et amant.

Isabelle a un glaucome bilatéral

Un glaucome est une hyper production du liquide qui se trouve à l'intérieur de l'œil : lorsque nous regardons quelque *chose à travers un verre vide, l'objet n'est pas déformé, mais il va apparaître plus gros si le verre est plein d'eau.*

De la même manière, avoir plus d'eau dans les yeux produit un effet de loupe.

*Un glaucome est une traduction biologique du conflit : "Il faut être **au plus près**" (Prendre une loupe sert à voir de plus près, donc à "être plus près").*

Isabelle était très anxieuse parce qu'elle avait un glaucome bilatéral et sa grand-mère, qui en avait également eu un, avait perdu la vue.

Le facteur déclenchant :

*Les symptômes sont apparus alors qu'elle était en train de créer une société, ce qui l'obligeait à de multiples démarches. Elle aurait voulu pouvoir être partout en même temps pour "**pouvoir tout contrôler de près.**"*

Quant à sa grand-mère, son glaucome a commencé à la suite d'un événement dramatique :

Son mari et elle vivaient dans un pays minier.

Un jour de marché, ayant pris son temps pour bavarder avec les gens qu'elle a rencontrés, elle est restée absente assez longtemps.

Pendant ce temps, un voisin est venu à la maison demander à son mari, dont c'était le jour de repos, s'il pouvait le remplacer à la mine pour la journée, en échange d'une autre journée de travail. Le grand-père a accepté et est sorti de la maison avec le voisin.

*La grand-mère, rentrant du marché à ce moment-là, a juste eu le temps de le voir partir au coin de la rue, mais elle n'a pas pu lui parler, **il était déjà trop loin.***

Ce jour-là, il y a eu un coup de grisou à la mine et le grand-père est mort.

La souffrance de cette femme est de penser qu'elle l'avait "manqué d'un rien" et que si elle avait été plus près, elle aurait pu changer le cours des choses : il n'aurait peut-être pas accepté de remplacer son collègue pour rester avec elle.

Elle aurait ainsi pu empêcher son mari d'aller à la mine et donc de mourir.

En réalisant que cette histoire était celle de sa grand-mère mais pas la sienne, Isabelle a éclaté en sanglots puis elle a dit : "J'ai l'impression que mes yeux se vident.".

Cette prise de conscience a suffi à résorber son problème de glaucome.

En conclusion, lorsque nous sommes en face d'une pathologie ou d'une problématique précise, il est toujours intéressant de se demander **"qui, dans l'arbre, aurait eu utilité à... ?"**

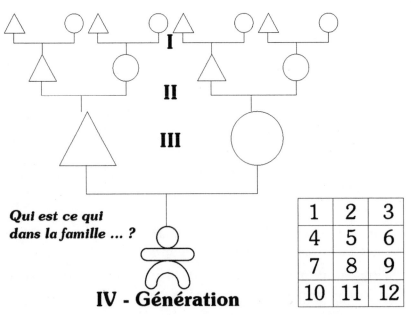

Schéma n°30 - Faire un schéma utile de sa généalogie

Cette recherche nous permet de comprendre l'origine généalogique des programmes biologiques dont nous sommes porteurs.

GÉNÉALOGIE INCONNUE

Nous avons vu que les différentes lectures de l'Empreinte nous restituent la structure fondatrice de notre vie. Ces informations sont d'autant plus précieuses pour les personnes qui n'ont pas de famille pour les renseigner sur leur passé familial.

Les cycles d'autonomie venant confirmer par une autre lecture ce qui est détecté à travers les lectures de l'Empreinte et de ses cycles.

Le fait d'être descendants de personnes issues de l'Assistance publique imprègne généralement la mémoire familiale d'une tonalité d'abandon mais également de "dette." En effet, l'enfant abandonné n'est vivant que parce que quelqu'un l'a pris en charge, ce qui inscrit chez ses descendants le sentiment permanent d'être "redevable" et ils le vivent dans ce cas dans tous les domaines de leur existence.

CHAQUE DÉTAIL A SON IMPORTANCE

Il arrive parfois que certaines personnes me disent qu'elles ne savent vraiment rien de l'histoire de leurs parents. Cependant, pour la plupart, nous savons quelque chose, si peu que ce soit, et le peu que nous sachions, ce petit souvenir, qui peut sembler au départ insignifiant, est déterminant parce qu'il est porteur de la totalité de l'histoire.

C'est une clé de lecture.

Ce peut être : "Mes parents travaillaient à la campagne", "mon père n'était pas souvent à la maison "ou" c'est sûr qu'un enfant de plus quand il y en avait déjà cinq, ça faisait beaucoup.."

Chacun de ces "détails" aura eu une incidence bien plus grande qu'on ne peut l'imaginer sur l'imprégnation cellulaire.

Et ce n'est pas un hasard si c'est ce *détail-là* que le cerveau a gardé en mémoire.

RETOURNER SUR LES LIEUX DE NOTRE CONCEPTION

Si nous avons vraiment très peu d'informations sur nos origines, nous pouvons aussi faire confiance à ce que la vie nous apporte et que certains appellent le hasard.

Rappelons-nous que nous sommes conçus dans le temps et dans l'espace et s'il est vrai que le temps s'écoule sans retour possible, les lieux – l'espace – eux, restent : *ils existent hors du temps.*

Aussi est-il infiniment enrichissant de retourner, consciemment, sur les lieux où nous avons été conçus : ils sont chargés de mémoire et souvent nous y puisons des ressources tout à fait insoupçonnées.

Il s'agit simplement de se laisser imprégner par l'énergie de ces lieux qui sont ceux de notre origine, d'être en conscience – hors du temps – dans cet espace... et la vie nous offre alors ce dont nous avons besoin.

Comme ce jour-là, pour Solange :

Solange, Corse et sans famille

Solange ne savait rien sur sa famille, exceptée qu'elle était originaire d'un petit village corse.

Je lui ai alors suggéré de se rendre dans ce village ne serait-ce que pour s'imprégner de son atmosphère.

Lorsqu'elle y est arrivée, un après-midi, en pleine chaleur, il n'y avait personne... mis à part un vieil homme, assis sur un banc de pierres, à l'ombre d'un arbre.

Elle lui a expliqué ce qu'elle était venue chercher et le vieux monsieur lui a dit :

"Vous êtes la petite Untel ? !"..

Il connaissait toute l'histoire de sa famille et il a été ravi de la lui raconter avec force détails !

Et, huit jours après il est mort...

Témoin de son histoire familiale, il "l'attendait."

LA GUÉRISON PASSE PAR TROIS POINTS ESSENTIELS : "VÉRITÉ, SINGULARITÉ, CRÉATIVITÉ"

Précisons encore une fois que nous ne sommes pas là pour juger qui que ce soit. L'étude de la généalogie n'a pas pour objectif de nous aider à "régler des comptes" avec nos parents – ou nos aïeux – : nul n'est à accuser, ni à juger.

Il n'y a pas de coupable, et par conséquent nous ne sommes pas victime : nous n'avons rien à pardonner, ni à nous faire pardonner. Le pardon ne peut être que la résultante d'une démarche de conscience, pas un préalable, ni un acte volontariste.

Il est essentiel pour ce travail non seulement de voir la *réalité* de son histoire, mais aussi d'admettre, s'il y a lieu, sa rancœur ou son amertume : le point d'appui de la bioanalogie est *ce que nous sommes, avec tous nos ressentis, quels qu'ils soient.*

Le premier point, incontournable, est la *vérité* et j'en appelle ici aux parents qui me lisent : dites la vérité à vos enfants, *toute* la vérité !

Ce sont les secrets, les non-dits qui sont sources de drames car ils sont inscrits dans la biologie et *notre cerveau cellulaire, lui, connaît la vérité.* Cette double réalité est à l'origine de toutes nos "schizophrénies."

Aimer ses enfants ne consiste pas à les "protéger" de la réalité : c'est au contraire, dans leur réalité, quelle qu'elle soit, qu'ils pourront devenir des hommes et des femmes dans toute la plénitude de leur être.

Ce travail est là pour nous libérer et, par cette libération personnelle, rappelons que nous libérons également la mémoire prisonnière de nos parents et de nos aïeux – qu'ils soient encore en vie ou décédés – comme celle de nos enfants, nés ou à venir !

L'ÉNERGIE INCESTUELLE EN GÉNÉALOGIE[21].

Toute généalogie est "incestuelle" par définition puisque, par survie, nous refaisons ce que nos aïeux ont fait.

En effet, c'est parce qu'ils ont fait et été cela qu'aujourd'hui nous sommes vivants. Ce cheminement s'est inscrit dans notre Empreinte, dans notre cerveau biologique et nous recommençons inconsciemment la même histoire de génération en génération.

En généalogie, le besoin d'aller "se nourrir" dans l'arbre, en cherchant des références dans le passé, en reproduisant ou en prenant en charge des mémoires d'événements et de personnages antérieurs à notre naissance est une énergie incestuelle.

Nous sommes nombreux à rester ainsi "accrochés" à notre arbre familial, ne serait-ce qu'en choisissant pour témoins de notre mariage des membres de notre famille, en reprenant les prénoms de nos ascendants pour nos enfants ou tout simplement en trouvant – avec bonheur – que notre fils ou notre fille a "les yeux de maman", "les cheveux de mamie "ou" la bouche de papa.".. etc (Qui ne l'a pas fait ? !)

Comprenons que chercher à se nourrir de son propre arbre généalogique revient à vivre dans un monde à l'envers : c'est la pomme qui mange ses racines !

Encore une fois, notre chemin est de sortir de l'inceste.

Notre véritable rôle au sein de notre lignée familiale est d'aller, sans aucune référence à ce qui nous a précédé parce *qu'en allant puiser notre énergie en amont, nous nous coupons de toute créativité.*

Notre chemin est de passer de la communauté familiale à *l'individu*, ce qui signifie se *différencier*.

---

[21] C'est pour beaucoup le regard d'Elizabeth Horowitz qui m'a inspiré. Son approche du transgénérationnel nous conduit à une vision holistique de notre généalogie. Je vous recommande particulièrement la lecture de son dernier ouvrage passionnant consacré au destin des Kennedy, où le premier chapitre est un remarquable cours de psychogénéalogie. Voir bibliographie.

Notons, que l'énergie d'inceste peut se situer également dans le domaine professionnel, lorsque nous exerçons la même profession de génération en génération ou quand nous choisissons notre profession, par "loyauté familiale" – dans un but souvent inconscient – de "réparation."

Les infirmières peuvent par exemple chercher dans leur arbre généalogique où se situe *"l'infirme-d'hier"* : un malade qui n'a pas pu être soigné à l'époque.

Cette énergie incestuelle peut aussi être géographique, nous menant à habiter dans la maison qui a abrité des générations de notre famille, à retourner nous installer dans le village où nous nous sentons "racines indestructibles" ou à nous retrouver muté dans une région où certains de nos aïeux ont vécu.

Nul "retour aux sources" n'est le fruit du hasard.

Cela ne signifie pas qu'il faille les proscrire absolument mais il est alors préférable que ces actes soient exécutés en toute conscience, pour cela il nous faut être très vigilants, afin de bien cerner l'énergie qui nous ramène en arrière parce qu'avec du recul, cela se révèle être plus souvent un "piège" qu'un réel facteur d'épanouissement.

Dans tous les cas, cette démarche de mise à conscience est difficile parce que nous restons sous l'influence de nombreux facteurs émotionnels.

L'IDENTITÉ

Nous savons que l'identité commence au moment de la conception : il s'agit de notre *identité biologique.*

À notre naissance a lieu notre identification : nous sommes nommés par un prénom et un nom et notre date de naissance complète notre identification individuelle.

Nous avons alors une réalité concrète, terrestre.

De fait, lorsque nous déclinons notre identité, nous citons ces trois paramètres.

Notre date de naissance se décline ensuite en différentes dates clés de notre existence dont les principales, relayées par l'état

– civil sont le mariage et le décès (ce sont ces dates, si nous les retrouvons ailleurs dans notre arbre, qui sont à considérer avec attention comme nous l'avons dit précédemment).

Suivant le schéma du CIT, notre identité se lit également en trois niveaux :

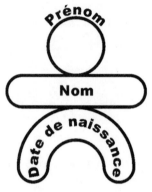

Schéma n°31 - l'Identité

- le *prénom*, situé avant le nom représente le *potentiel* de l'être, en tant qu'individu (énergie projet, père) ;

- le *nom*, commun à toute la famille, exprime les énergies qu'il partage avec les différents membres de sa lignée : il représente le *lien* entre eux (relation) ;

- la *date de naissance* est notre *autonomie*, notre "concrétisation" au niveau de la terre (énergie mère).

En ce qui concerne le prénom et le nom qui nous sont attribués, ils ne sont, bien sûr, eux non plus, jamais choisis au hasard, même s'il s'agit la plupart du temps de choix totalement inconscients.

"VINCENT, FRANÇOIS, PAUL ET LES AUTRES...[22]"

Un travail sur les prénoms est toujours très intéressant parce que leur choix au sein d'une famille est loin d'être anodin. Il est

---

[22] Titre d'un film de Claude Sautet.

même parfois possible de décoder une grande partie de l'histoire d'une famille simplement à partir de ces prénoms.

Comme les noms de famille, les prénoms expriment la *résonance* d'un conflit ou d'un événement marquant dans l'histoire récente, ou dans les précédentes générations. À l'écoute des différents noms et prénoms d'une lignée, de leur consonance, de leur fréquence, de leurs "dialogues", il est possible d'en cerner le sens. En fait, ils sont un aboutissement de l'histoire familiale et grâce à cette analyse, nous obtenons des éléments de lecture vraiment captivants.

Précisons qu'un prénom ne programme rien en soi, il restitue simplement un sens, il est un résultat. Il s'agit simplement, à l'écoute des prénoms réunis dans un arbre, de déceler la *tonalité générale* qu'ils expriment.

Pour cette approche spécifique, il n'y a pas à proprement parler de "recette" : il s'agit, là encore, de se laisser imprégner par leur tonalité, grâce à une écoute sans a priori, sans intention : il faut éviter de se laisser enfermer dans des schémas.

Tout comme pour la lecture de l'Empreinte, l'énergie en jeu est purement intuitive. Notons que ce n'est pas l'étymologie qui importe le plus, mais la sonorité ou la *symbolique, le verbe qui passe à travers ce prénom.*

Proposer des exemples d'études précises impliquerait, pour être tout à fait complets, qu'ils soient cités avec noms de famille et prénoms réels, ce qui, bien sûr, n'est pas possible par souci de discrétion envers les personnes dont nous étudions l'histoire. Ces quelques courts exemples où les prénoms seuls suffisent à dégager une tonalité spécifique peuvent donner une idée de cette approche.

Maxime

Maxime est atteint de leucémie.

Son père : Paul.

Sa mère : Geneviève.

Maxime : traduit une idée "grandeur" (maximus : le plus grand).

*Paul a besoin d'être "**épaulé**" : il y a une résonance de faiblesse.*

Ge-ne-vi-ève traduit : "Je ne vis pas Ève", elle ne peut pas vivre sa féminité, pour une raison ou une autre.

*Ces parents demandent à leur enfant, par le choix de ce prénom **Maxime**, de "faire, lui, le **maximum**, d'être le plus grand, en fait d'atteindre la perfection."*

Ce qui n'est pas possible !

Il se vit en ressenti de grande dévalorisation, d'échec ce qui est le conflit de la leucémie.

Répétons-le, le prénom n'a rien programmé, il restitue simplement l'histoire familiale.

Nous avons ici une tonalité de faiblesse, d'échec, de non-épanouissement, etc. au sein du couple parental ainsi que son rêve de grandeur.

Mais, il y a, bien sûr, un **programme** de leucémie dans l'Empreinte de Maxime et un facteur déclenchant dans son existence.

Cependant, indéniablement l'inconscient des parents n'a pas choisi ce prénom au hasard.

David

Après une crise conjugale, sa mère conçoit un enfant pour ressouder le couple et elle nomme son fils, David : cela traduit son ressenti de vide, elle est "à vide", "avide." Elle exprime ainsi une grande demande d'être aimée.

C'est une mémoire de manque.

David, c'est également le David de "David et Goliath" : la force dans la faiblesse, celui qui vainc le géant malgré sa petite taille.

Il est alors demandé à l'enfant de vaincre un obstacle, de réaliser quelque chose d'héroïque ou de combler un manque.

Francis

Père : Marcel.
Mère : Lucienne.

Nous percevons une problématique au niveau du père, de chaque côté.

En effet : **Lucienne** *: "lucie-haine" = "haine de la lumière" (lat : lux) donc problématique avec le père (lumière : énergie père).*

Cela ne concerne pas "Lucienne" directement, mais, par le choix de ce prénom, un de ses deux parents traduit le problème qu'il rencontre vis-à-vis de son père dans la période de la naissance de sa fille.

Marcel *: l'un de ses deux parents a une problématique d'absence de père.*

Marcel, Marcelle : "mar-cel "c'est" l'eau et le sel réunis."

Si le sel reste mêlé à l'eau, c'est qu'il n'y a pas eu assez de soleil pour provoquer une évaporation de l'eau (Mère) : cela traduit "l'absence du père" (soleil) à un endroit ou à un autre de l'arbre.

Nous avons là une mémoire d'orphelin, confirmée par le nom de famille en forme de prénom[23].

Avec Marcel, qui traduit un manque de père quelque part et de l'autre côté, Lucienne, qui parle de la "haine du père", il est vraisemblable que dans cette famille, des pères ont posé problème soit en manquant, soit en en troublant l'harmonie.

Et de **Francis**, *on attend qu'il soit* **franc**, *qu'il apporte de la vérité, de la lumière dans cet arbre.*

Frédéric

Frédéric était couvert de dettes, or son grand-père, qui s'appelait Eric, avait fait banqueroute. Il s'appelait Eric.

Et lui faisait les "frais-d'Eric."

Cela ne s'invente pas !

Brigitte

Selon les vœux de son père, Brigitte aurait dû s'appeler Geneviève...

---

[23] *Les noms donnés aux enfants de l'Assistance publique étaient des prénoms. Il s'agissait le plus souvent du saint du calendrier fêté le jour où l'enfant était recueilli.*

Elle sait que son père a passionnément aimé une autre femme que sa mère et elle pense que cet amour était partagé, mais pour autant, il n'a pas quitté son foyer.

Avec son prénom (Brigitte) et celui que son père aurait souhaité lui donner (Geneviève), nous avons l'interférence des deux énergies :

- *"bris-gîte." indique que le "gîte est brisé", quelque chose est cassé dans ce couple, (ressenti de sa mère) ;*

- *"Je-ne-vis-Ève" : par ce choix inconscient, son père raconte son histoire : "Je ne peux pas vivre (avec) mon Eve, la femme que j'aime."*

Comme il n'a pas pu accomplir vraiment cet amour, Brigitte est imprégnée de ce programme : "Je n'ai pas le droit de vivre l'amour que j'ai à vivre" et elle exécute ce programme en renonçant le plus souvent à se donner les moyens de réaliser vraiment ses relations amoureuses, elle ne se mobilise pas pour les mener à l'accomplissement, puisque – pour elle – , elle n'y a pas droit.

Ainsi, le choix des prénoms est *toujours* révélateur d'une problématique au niveau familial, il nous en donne la *tonalité* et nous aide à la situer.

Attention !! Voici quelques échantillons de décodage rapides, répétons qu'il ne s'agit **en aucun cas** d'"étiquettes." Il faut toujours **se resituer dans le contexte général**. **Le décodage des prénoms va seulement permettre de nourrir, révéler et confirmer l'intuition du thérapeute.**

THÈMES

MÉMOIRE DE MORT

Les *Christine, Christiane, Christophe, Christelle*, etc., sont des mémoires de sacrifiés (Christ).

On en trouve énormément dans les cas d'"enfants de l'Angélus", de même que Jean, qui signifie l' "ange" à l'envers, l'enfant mort, désincarné, mémoire d'enfant mort et *Gilles* ("il gît"), *René* et *Renée*, (re-naît ou re-né) ou *Sylvie* ("s'il – l'enfant – vit...)"

Également en rapport avec la mort.

Maurice, ce "mort que l'on hisse."

Il est fréquent dans ce cas de trouver dans l'arbre généalogique un mort qui a été idéalisé, une figure remarquable qui pèse d'une façon ou d'une autre sur la vie des autres membres de la famille.

Robert : "robe qui erre", une mémoire de fantôme, une âme en errance. Soit un mort sans sépulture, soit quelqu'un dont on n'a pas accepté la mort.

Gilbert : "il erre et il gît", c'est aussi un fantôme...

Notons que biologiquement, les naissances multiples (jumeaux, triplés, etc. issus de conception naturelle) traduisent une mémoire d'enfants morts dans les générations précédentes : par la conception de plusieurs enfants en même temps, la biologie tend à "assurer", quoi qu'il arrive, une descendance pour la survie de l'espèce.

CONFLITS DU FÉMININ

Ce sont des mémoires de problèmes au niveau de la féminité qui se rapportent soit à la mémoire d'une femme qui a troublé l'histoire familiale, soit à un interdit ou à une impossibilité de développer et de vivre son énergie féminine.

Évelyne : Ève ne se lie (pas).

Adèle : ad-elle, sans "elle", sans féminin, a du mal à vivre son féminin.

Daniel, Danielle : "nie elle", est nié(e) ou se nie dans son féminin.

Geneviève : "je ne vis Ève" le féminin est interdit.

Giselle : "elle gît", le féminin est tué.

Hélène : "la haine (de) elle."

LIÉS À LA MÈRE (L'EAU)

Odette : une dette par rapport à une mère (eau-dette).

Laurent : même tonalité qu'Odette, mais il y a aussi la mémoire ; il faut "remettre la mère dans le rang".. parce qu'elle s'est "égarée."

Aurélie : relie la mère ou à la mère (eau).

Florence, Laurence : l'eau (la mère – ou l'énergie féminine – n'est pas très saine dans la mémoire familiale. Cela traduit une rancœur vis-à-vis d'une mère.

Madeleine : "mad", c'est le madrier, le bois, donc la mère.

Il y a une mémoire de haine vis-à-vis de la mère.

MANQUE D'AMOUR OU SOLITUDE

Nicole, Nicolas, Colette : "se colle dans le nid", c'est un enfant ou non désiré ou tardivement espéré.

Jacques : la cage (à l'envers), mémoire d'enfermement, de solitude.

Anne : a-ne (sans amour).

Monique : monos, seul, mémoire de solitude.

Yveline : vie à l'envers, qui ne se lie pas à la vie.

André(e) : prénom androgyne – ni masculin, ni féminin –.

Les André(e) peuvent avoir du mal à s'installer dans leur masculin ou leur féminin.

TONALITÉS DE PROBLÉMATIQUES DE COUPLES

Julie : il y a un "Jules" – amant – dans le lit...

Julien : un lien avec un "Jules."

Alice : "qui est salie" ou "est privée du lit."

Claude : claudiquer, il y a quelque chose de "boiteux" dans l'histoire.

Marie-Claude : quelque chose est "boiteux" dans le couple, ou avec le mari.

Marie : parle de mariage – de couple à consolider – ou de recherche de purification.

Marinette : Mari-net, on cherche un mari – ou un mariage – "net" ou à éclaircir quelque chose au niveau d'un couple.

Antoinette : "fais le net en toi", mets-toi au clair...

Marie-Claire : mettre quelque chose au clair au niveau du mariage.

ET ENCORE

Catherine, Cathy : "catin", sainte ou courtisane.

Mélanie : se "mêle au nid" ou dans le nid (interférences au niveau d'un couple).

Nathalie : parle de naissance qui vient lier un couple.

Eugénie : "qui nie la belle naissance" parce que Eugène est le "bien né", la naissance bien accueillie.

Germaine : mémoire où plane la "haine" du germe, de l'homme.

Thérèse : elle "se tait" taire son aise... mémoire de secret dans la famille, quelque chose qu'il ne faut pas révéler comme Simone : "si ne (dit) mot, si ne nomme pas..."et Nadine : "celle qui n'a pas dit."

François, Françoise, Francis, etc. : "sois franc", il leur est demandé d'être ceux qui vont dire la vérité dans cette famille.

Roger : problématique de "rejet", enfant ou mémoire d'enfant mal accepté par sa famille.

Charlotte : "j'enlève Charles", il faut chercher dans l'arbre généalogique où se trouve le Charles en question, qui a pu poser problème et qu'on cherche à éliminer de la mémoire familiale.

Charlène : même tonalité que Charlotte, en plus marqué : "la haine de Charles."

Serge : "à quoi je sers ?"

Pascal(e) : le "pas qui se cale" donc s'arrête. Quelque chose dans l'énergie familiale s'arrête, empêche de "faire le pas", ou, il faut se caler dans le pas d'un autre, (mémoire de fausse couche ou IVG.

DUPLICATA (1)

Un cas de figure qui peut avoir des conséquences difficiles à gérer est l'attribution du prénom d'un enfant disparu à l'enfant suivant.

Nous avons déjà évoqué les problèmes rencontrés par les "enfants de l'Angélus" et bien sûr, leur attribuer le prénom de l'enfant disparu ne peut que renforcer leurs difficultés existentielles.

Paulette : "faire vivre Paul"

Les parents de Paulette avaient perdu leur petit garçon, Paul, mort en bas âge.

Ils ont prénommé Paulette leur fille, née peu après.

Notons qu'un diminutif traduit que l'existence de l'enfant est minimisée et dans ce cas précis, elle n'est, pour ses parents, qu'un "pâle reflet" du fils perdu.

D'autant plus que sa mère, qui n'a jamais accepté qu'elle ne soit "qu'une fille", lui a marqué une froideur permanente tout au long de son enfance.

Il est assez remarquable que cette mère ne s'adressait à sa fille qu'en la vouvoyant, ce qui ne correspondait pas aux usages de leur milieu social : en disant "vous", il est probable qu'inconsciemment, elle s'adressait, à "Paul et Paulette" à travers elle : l'enfant mort – "le vrai" – et le "leurre."..

Quant à son père, en apprenant que c'était une fille, il a refusé de la voir pendant trois jours.

Le prénom Paulette, avec sa tonalité de fragilité ("besoin d'être é-paul-é", comme nous l'avons vu) et une énergie encore amoindrie par le diminutif, traduisait bien le ressenti dévalorisant de ses parents à son égard.

Elle avait effectivement beaucoup de difficultés à se considérer comme quelqu'un de "valable."..

L'analyse de son histoire – à travers les prénoms entre autres – lui a permis de comprendre l'origine de son auto-dévalorisation permanente et d'en sortir peu à peu.

DUPLICATA (2)

Dans cette famille, le père s'appelle Jean, la mère Maria : leur fils se prénomme Jean et leur fille, *Marie-Jeanne...*

Il est possible d'avancer – sans trop se compromettre – que l'aventure ne fait pas vraiment partie des gènes transmis : on reste en effet ancré dans le connu.

C'est une mémoire incestueuse ou du moins incestuelle : *la seule référence autorisée se trouve en amont.*

Il est important de comprendre que donner *son propre prénom à son enfant* signifie qu'il lui est formellement interdit de nous "dépasser" : il est "interdit de créativité."

Au niveau de l'arbre, c'est un interdit de descendance, un "contrat" de stérilité ou de non-créativité pour les descendants.

Cette pratique était fréquente dans les familles traditionnelles où l'aîné portait généralement le prénom du père. : "Les choses doivent rester comme j'ai décidé."

C'était une structure de société très patriarcale, où la transmission se situait dans la *verticalité* ordonnant que la tradition soit perpétuée et reste dans son intégralité.

Actuellement, nous quittons peu à peu le monde de la tradition pour entrer dans le monde du partage : la tradition n'appartient plus à personne, et dans le partage – sur un *plan horizontal* – nous accédons à l'essence même de la vie.

Résumé

Notre Empreinte restitue notre généalogie.

En termes de conflits, tout ce qui ne s'exprime pas, s'imprime et se transmet de génération en génération.

Porteurs de toute une histoire généalogique, nous en sommes l'aboutissement ou plus précisément la résultante.

La lecture du monde étant en trois niveaux, tout événement non résolu au niveau des arrière-grands-parents s'incarne trois générations plus tard : les maladies congénitales sont toujours l'expression d'un conflit vécu dans la 4e génération, (arrière-grands-parents) et qui, engrammé dans la mémoire familiale, s'incarne chez un enfant de cette génération.

Avec la lecture symbolique du CIT :

1. Arrière-grands-parents : *"projet" – essence de notre existence).*

2. Grands-parents : *lien /"jet" : réalisation de/dans notre existence.*

3. Parents : *"cible" : concrétisation de notre existence.*

L'enfant est la réalité du projet ayant atteint sa cible.

L'équation biologique de la famille est : "$1 + 1 = 3$."

Il y a des vibrations spécifiques, des résonances, entre les enfants de même rang dans les différentes fratries d'une famille et ces résonances individuelles existent également dans le sens vertical : de génération en génération.

Notre vie de tous les jours restitue l'intégralité de notre généalogie.

Il est intéressant de chercher dans son arbre les dates – jour et mois – qui correspondent à des dates importantes pour soi dans l'arbre généalogique. Nous sommes le "personnage-cible" des événements qui ont eu lieu à ces dates : elles nous sollicitent afin que nous libérions ces mémoires conflictuelles non résolues, par une mise à conscience de l'événement.

Face à une pathologie ou à une problématique précise, il est intéressant de se demander : *"Qui, dans l'arbre, aurait eu utilité à... ?"* afin d'en cerner l'origine généalogique.

Retourner, consciemment, sur les lieux où nous avons été conçus, peut nous apporter beaucoup : ils sont chargés de mémoire hors du temps.

Toute généalogie est "incestuelle" (par définition) puisque, par survie, nous refaisons ce que nos aïeux ont fait. Notre chemin est de passer de la communauté familiale à *l'individu*, ce qui signifie *se différencier*.

Suivant le schéma du CIT, notre identité se lit sur trois niveaux :

- le prénom : potentiel de l'être – projet, père ;

- le nom : commun à toute la famille représente le lien entre les membres de celle-ci – relation ;

- la date de naissance : autonomie, "concrétisation" – niveau terre/mère.

Les prénoms ne programment rien en soi, mais très souvent leur résonance restitue l'histoire de la lignée. Ils ne sont jamais choisis au hasard.

FIN...

Seul l'impossible est amour

"...Ça Monsieur je ne le sais pas, mais aujourd'hui, moi j'ai ça à faire" (paysan inconnu sur les flancs de l'Etna).

NOTRE CONCEPTION EST UN BIG-BANG

"La conception est un choc, créateur d'une forme."

N'est-ce pas la définition même du big bang ?

Toute l'histoire de l'univers est présente dans notre Empreinte : elle réunit en même temps tous les programmes porteurs de l'humanité et tous les potentiels d'accomplissement individuel. C'est toute notre singularité qui se signe là.

Chacun dans sa singularité, est un "manifesté" de la totalité de l'univers.

Mais nous n'en avons pas toujours conscience.

Identifiés à nos programmes, et au regard que les autres ont sur nous, nous vivons le plus souvent avec des images réductrices et dévalorisées de nous-même.

Pour y remédier, il ne suffit pas d'affirmer simplement que nous voulons vivre différemment : il s'agit de changer la vision que nous avons de nous-même et du monde. Pour cela, il est nécessaire de *prendre conscience de l'essence et du sens de notre naissance.*

Nous ne sommes plus au niveau de la *croyance*, mais à celui de *l'identité*.

GUÉRIR C'EST PASSER DU SEUL À L'UNIQUE

Avant toute chose, il faut comprendre que tout ce que nous avons vécu jusqu'à maintenant a permis qu'aujourd'hui nous soyons vivants. Nous pouvons donc nous remercier pour tout ce que nous avons fait depuis notre naissance !

Nous n'avons pas commis "d'erreurs" puisque nous sommes vivants : nous avons fait des choix suivant ce que nous étions. Nous ne pouvions pas faire autre chose avec le programme que nous avions, quel qu'il soit. Nous avons même été *parfaits* avec ce programme-là !

Il est en effet important que nous réalisions que jusqu'à aujourd'hui, nous avons agi ainsi parce que *nous n'avions pas le choix*. Cette prise de conscience nous permet d'accéder à une nouvelle vision de la vie en intégrant la conviction que *maintenant, nous choisissons…*

Ces mots sont des paroles de guérison.

Il ne s'agit pas pour autant de décider de lutter contre nos conflits car en nous opposant à eux, nous les renforçons. Cette lutte nous ancre dans l'identification, alors que pour se libérer, il faut se différencier, être unique.

La guérison passe par la reconnaissance de notre vérité, de notre singularité et de notre liberté.

"Singularité" parce qu'un chemin individuel ne se fait pas en s'appuyant sur une morale commune : la morale est culturelle, collective. Elle sert à conduire un groupe.

En l'occurrence, notre culture judéo-chrétienne nous a habitués à situer le bien d'un côté et le mal de l'autre et nous a amenés à faire des tris suivant ces critères dans tous les domaines. Toutes ces lois nous disent ce qu'il *faut* faire ou ce qu'il *ne faut pas* faire, ce qui fige nos capacités créatrices.

Ces règles sont nécessaires pour guider un groupe, mais il faut reconnaître qu'elles ne sont pas faites pour permettre aux *individus* de se "réveiller."

"Se réveiller" c'est oser dire : "Personne n'est là pour me dire si ce que je fais est *bien* ou *mal*, je le fais parce que je sens que cet acte est *juste* pour moi, *ici et maintenant*."

Il appartient à chacun de nous de devenir *ce qu'il est et de vivre suivant sa propre vision du monde sans s'appuyer sur des références collectives.*

Mais tout cela passe d'abord par une prise de conscience.

AGIR" EN SON ÂME ET CONSCIENCE"

La conscience étant un concept des plus subtils, il est difficile d'en parler concrètement, mais nous pouvons commencer par cerner ce qu'elle n'est pas.

La conscience n'est pas la pensée, lorsque nous sommes dans la pensée, nous ne sommes pas dans la conscience.

Ce n'est ni la compréhension ni l'analyse : analyser et comprendre ne signifient pas automatiquement prendre conscience. Nous ne pouvons accéder à la conscience ni par le raisonnement ni par la comparaison ni par la déduction.

Une pensée se communique ou se transmet.

La conscience se partage, tout en étant unique pour chacun de nous : elle est *au-delà* de la pensée et de la compréhension.

En un mot, c'est un "état" qui n'a rien de commun avec un cheminement du mental : *la conscience est, hors du temps et de l'espace.*

Parmi les règnes successifs de l'évolution sur terre, l'homme est le seul à avoir la possibilité d'accéder à ce "degré d'être." C'est à la fois son privilège et sa tâche.

L'UNIVERS TEND VERS LE PRÉSENT

Rappelons qu'il n'y a ni temps ni espace dans l'absolu et que c'est au moment de la conception que nous nous incarnons dans l'espace-temps, dans la matière. Nous prenons alors forme dans le monde relatif.

Récemment, lors d'une émission à la radio, un astrophysicien expliquait, que des observations rendues possibles grâce aux sondes perfectionnées envoyées depuis cinq ou six ans dans l'espace, avaient confirmé la théorie de Hubble. Celle-ci, issue de l'observation du mouvement des galaxies, affirmait que, loin d'être dans un mouvement de dilatation / rétraction – comme on le pensait en 1930 – elles s'éloignaient inexorablement les unes des autres, dans un mouvement d'expansion infinie, *à une vitesse de plus en plus grande.*

Hubble en avait conclu que si le phénomène de "dilatation / rétraction" existait bien au niveau de la matière, l'univers, lui, était dans un mouvement de déploiement permanent et qu'il tendait vers l'infini sans mouvement de retour.

Mais jusqu'à la fin des années 90, rien n'était venu réellement confirmer cette lecture de l'univers.

Elle est aujourd'hui admise par la plupart des chercheurs.

Cette notion d'une expansion infinie de l'univers, à une vitesse de plus en plus grande, est très difficile à appréhender par notre cerveau, mais elle ouvre des perspectives fascinantes. En effet si nous admettons que plus on s'éloigne d'un point donné, plus la vitesse augmente, cela voudrait dire *que l'univers tend vers la vitesse absolue.*

En effet, si l'on va de plus en plus vite pour aller d'un point à un autre, cela implique qu'à un moment (absolu) le temps de déplacement est nul : *on est ici et là, en même temps.* Le passé et le futur sont réunis en un seul "point- instant" (l'espace-temps réduit à cet unique point). On se situe alors dans le présent permanent ou plus précisément *hors du temps*, où le passé et le futur n'ont plus cours.

Seul subsiste le présent – le maintenant – qui n'a ni commencement, ni fin. Nous pouvons aussi l'appeler "éternité", concept n'ayant rien de commun avec une succession d'instants sans fin dans le temps historique. L'éternité est totalement transcendante au temps historique qui se développe dans l'horizontale[24].

Et ceci n'est pas une découverte récente, comme nous le montre cette phrase de Philon d'Alexandrie, disciple de Platon :

"Aujourd'hui est une éternité infinie et sans limites. Les mois, les années, toutes ces mesures du temps sont des idées de l'homme qui calcule à l'aide des nombres ; mais la véritable éternité s'appelle aujourd'hui."

En ce 3e millénaire, depuis Einstein et la découverte de la physique quantique, la science et la philosophie cheminent de plus en plus l'une vers l'autre et il est possible de penser qu'elles convergeront totalement un jour en un postulat unique.

L'univers tend vers le présent où "maintenant" est le premier et unique instant et "être maintenant" est l'état de conscience.

L'univers tend vers la conscience.

Encore une fois, la pensée, limitée par le temps et l'espace, ne peut pas concevoir cela, seule la conscience peut s'y ouvrir.

LA NAISSANCE, C'EST "NAÎTRE À SON SENS"

Retrouver le sens de notre naissance pour l'incarner dans sa plénitude est notre guérison et, répétons-le, la seule réelle possibilité que nous ayons d'agir est de travailler individuellement sur ce que nous sommes.

La plus belle preuve d'amour que nous puissions offrir aux hommes de cette terre est la libération de nos conflits personnels afin d'être réellement authentiques, car alors, nous devenons porteurs de clarté et de paix à travers ce que nous sommes.

Mais si nous restons ancrés dans nos peurs permanentes, nous ne pouvons pas accueillir ce que nous avons à vivre. Ces limites appartiennent aux programmes de survie et nous

---

[24] Il y a une nuance importante entre un "instant" et le Présent : un instant est une section de temps qui implique une notion d'intervalle avec un commencement et une fin. L'univers ne tend pas vers une section du temps.

conduisent à vivre dans le futur, sans possibilité de goûter l'instant présent. Or, **survivre, n'est pas vivre**, vivre c'est s'ouvrir à une autre dimension.

LE DEVENIR DE L'HOMME EST DANS L'IMPOSSIBLE

Nous avons vu que, pour assurer la survie de l'espèce, la biologie est fondamentalement incestuelle.

Certains drames de la vie – comme la perte d'un enfant – peuvent nous sembler profondément inacceptables. Nous avons vu que du point de vue de la biologie animale, c'est même totalement inconcevable. Mais ce qui n'est pas admissible au niveau animal peut le devenir au niveau humain : la guérison est dans ce passage à l'humain, au-delà d'un point où, sortant des programmes connus, nous entrons dans notre dimension d'homme.

La conception est comme le passage obligé d'un sablier où se fonde notre Empreinte, notre singularité, notre forme spécifique.

Dans la partie supérieure du sablier se situe l'histoire de tous ceux qui nous ont précédés dans la chaîne familiale et, par extension, humaine.

Tout ce qui a été vécu et expérimenté sur les trois plans – mental, affectif, physique – depuis le début du temps est engrammé dans ce réservoir de mémoire universelle et nous avons vu que nous sommes "incestuels" dès que nous cherchons à vouloir faire revivre ce qui nous a permis d'être vivants à ce jour.

Mais, à partir de la conception, la vie s'ouvre sur l'inconnu...

Tous les potentiels sont inscrits dans la seconde partie du sablier – d'où sont exclues toutes références au passé – pour se déployer dans un maintenant renouvelé à chaque instant.

Là commence la *liberté de choix* pour chacun de nous : continuer le passé ou prendre le risque de la *créativité*. **Le devenir de l'homme est l'inconnu**, l'inconcevable, le "hors programme."

Nous pouvons aussi l'appeler **l'impossible** : en effet ce n'est plus le "possible" du cerveau biologique. *L'impossible dont il s'agit* ici, n'ayant aucune référence passée, ne peut pas être perçu, imaginé, conçu par la pensée.

En réalité, tout est possible mais notre intellect réduit ce mot au concevable, et de ce fait, il limite l'expression de la vie qui, par essence, est *sans limites*.

Nous avons à prendre le *"risque de l'impossible"*, ce qui signifie cesser de programmer le devenir, parce que *notre accomplissement est au-delà de ce que nous connaissons. C'est l'inconcevable.*

Seule la créativité peut nous faire accéder à cette dimension.

La créativité signifie prendre le risque de vivre intensément notre singularité dans la vérité, l'authenticité, l'unicité et l'amour.

C'est un acte de foi.

LA VIE CRÉATIVE

Lorsque la vie était exclusivement sous-marine, si on avait demandé à ce qui ressemblait à un poisson, ce qu'est la vie hors de l'eau, il aurait répondu : "C'est la mort."

Et pourtant...

Il a bien fallu un jour que le poisson prenne le risque, "ose" sortir de l'eau ; même si il l'a fait par nécessité.

Il s'est lancé dans *l'inconnu*.

Tout cela nous montre que, dans l'univers, la créativité est aussi inhérente à la vie que l'énergie incestuelle : elles en sont les deux pôles opposés.

L'énergie incestuelle assure la survie, la créativité est le chemin de la vie.

La science nous le confirme...

Dans une de ces émissions de vulgarisation dont il a le secret, Hubert Reeves a expliqué ceci[25] :

La matière est d'abord électrique : c'est l'électricité qui donne sa densité à la matière (d'après les physiciens, s'il n'y avait pas l'électricité, les particules du monde tiendraient dans un dé à coudre...)

Un atome est formé d'un noyau et de un ou plusieurs électrons qui gravitent autour de lui à une vitesse extraordinaire. À certains moments, lors de sa gravitation autour du noyau, l'électron *change* d'orbite : il fait un "saut quantique." C'est au moment de ce saut qu'il libère – ou reçoit – un photon : une parcelle de lumière.

La lumière enfermée dans la matière se libère lorsque l'électron fait un saut dans l'inconnu[26].

Par analogie, nous avons à nous demander si nous n'avons pas nous aussi à apprendre à quitter notre "cercle familier" pour, *dans ce mouvement du connu vers l'inconnu, libérer la lumière qui est en nous.*

C'est en tout cas ce qui est inscrit dans la matière...

C'est également ce que la vie inscrit en nous :

Peu après la conception, ce premier amas de cellules issue de la rencontre entre le spermatozoïde et l'ovule – la "morula" – devient un embryon qui reçoit de la nourriture et des informations dans le ventre maternel, pendant neuf mois : il fait "le plein" de nourriture. Mais au bout de ces neuf mois, si l'enfant continue de se nourrir dans cette matrice, il meurt. Il n'est pas fait pour y rester, passé ce délai : il n'a plus à recevoir cette nourriture, ni ces informations-là, il *doit* aller les chercher ailleurs.

C'est un moment primordial.

---

[25] Les explications d'Hubert Reeves étaient sans doute plus rigoureusement scientifiques, mais il me semble en avoir retenu l'essentiel et bien que n'étant pas foncièrement spécialiste en la matière, je ne pense pas trahir ses propos.
[26] Il y a réception ou émission d'un quanta de lumière lors des changements d'orbite d'un électron, la lumière est émise quand l'électron se rapproche du noyau et inversement, pour s'éloigner du noyau (prendre son indépendance), il doit absorber de la lumière (de l'énergie), ce qui est logique, car il "fonctionne" alors sur un "niveau d'énergie plus élevé".

Nous parlons souvent de la naissance en terme d'expulsion, mais il faut considérer le *mouvement d'attraction* qu'elle comporte également : attraction dans un autre "contenant", une nouvelle "matrice" – familiale – où l'enfant recevra de nouvelles informations.

Prendre conscience de ce mouvement est important car voir la naissance uniquement sous son angle d'expulsion introduit une notion de rupture, de manque, ce qui entretient en nombre de personnes un sentiment de nostalgie, une nécessité de "réparation", une volonté de retour vers le passé, en un mot une énergie incestuelle, alors que ce mouvement d'attraction est une "aspiration vers", une inspiration essentielle : *c'est une nécessité vitale, la base même de la vie.*

Pour chacun de nous, de la naissance à la mort, le "saut quantique" est vital : nul ne peut en faire l'économie.

Nous avons tous vécu celui de la naissance et, un jour ou l'autre, nous aurons à faire l'ultime saut quantique qu'est la mort. Le ferons-nous consciemment ou inconsciemment ? Pourquoi attendre cette dernière échéance pour oser quitter notre "orbite de base" ?

Pour ma part, je préfère **"mourir vivant", que "déjà mort."**

Tout au long de son chemin, des sauts quantiques sollicitent l'homme : c'est la vie à l'œuvre, en permanence, afin que, par sa créativité, il transforme, en conscience, la matière en lumière.

CONSCIENCE ET CRÉATIVITÉ

Plusieurs facteurs peuvent nous couper de notre créativité mais les deux obstacles principaux sont – une fois encore – la mémoire incestuelle et l'identification à l'ego, qui est le propre de notre mental.

La mémoire incestuelle, nous l'avons vu, comprend tout le poids des traditions familiales qui sont dans notre Empreinte, relayées par notre éducation. Elle nous mène souvent à abandonner en chemin ces parts de nous-même qui ne sont pas suffisamment conformes à ce que l'on attend de nous, du moins c'est ce que nous pensons.

Cette énergie incestuelle bâillonne notre créativité, soit parce que nous allons dans son sens, soit parce que nous entrons en réaction contre elle, ce qui lui donne du poids. Il ne s'agit donc pas de *lutter contre* cette mémoire familiale mais de nous la *réapproprier* – sans la laisser envahir notre aspiration profonde – afin d'accéder à notre créativité individuelle.

Cependant, il peut arriver que nous ne sachions plus très bien faire la part de ce qui nous appartient vraiment ou pas. Certaines personnes se laissent même envahir au point qu'elles ne savent plus vraiment cerner ce qui les fait réellement "vibrer."

Le travail sur l'Empreinte, nous permet de comprendre comment nous avons utilisé les programmes, et d'identifier *tous nos potentiels de créativité*. En poursuivant la mise à conscience de notre Empreinte – axée cette fois sur ces potentiels – il devient possible de *retrouver la tonalité de notre vocation originelle : le "rêve" de notre être profond.*

Nous développons particulièrement le thème du "rêve" au cours de séminaires de bioanalogie intitulés "vocation et créativité" qui permettent à chacun de se resituer par rapport à ses propres valeurs.

Nous avons dit en effet que "l'identité était notre façon de nous situer par rapport à des valeurs", or, pour la majorité d'entre nous, les valeurs que nous développons sont imprégnées par celles que nos programmes ou notre éducation nous ont imposées et elles ne correspondent pas foncièrement à ce que nous sommes.

C'est ainsi qu'en stage, il est très fréquent d'entendre des personnes dire "qu'elles ne se sentent pas à leur place."

C'est précisément lorsque nous nous appuyons sur des valeurs qui ne correspondent pas à ce que nous sommes réellement que nous éprouvons ce sentiment : les valeurs sur lesquelles nous nous basons ne sont pas les nôtres, mais nous n'en avons plus conscience.

REDÉFINIR SES VALEURS FONDATRICES

Au cours des séminaires, il est proposé au stagiaire de nommer une trentaine de valeurs (liberté, partage, réussite sociale, joie, vie de couple, etc.) – il n'y a pas de liste exhaustive – parmi lesquelles il aura à choisir les sept qui lui semblent essentielles.

Cet exercice permet de *retrouver ce qui nous fonde réellement.*

Les questions à se poser ensuite sont :

- quelles sont parmi ces valeurs celles que je réalise dans mon existence et quelles sont celles pour lesquelles je n'ai rien mis réellement en œuvre jusqu'ici ? ;

- à laquelle de ces valeurs, pourtant importantes pour moi, est-ce que j'ai renoncé en chemin ? Pourquoi ? ;

- qu'est-ce que je peux faire aujourd'hui pour réactiver telle ou telle de ces valeurs, négligée ou oubliée ?

"TOUCHE PAS À MON RÊVE"

Il ne s'agit pas de chercher à savoir si ces valeurs sont dans nos capacités !

Nous avons en effet trop souvent tendance à aligner nos valeurs sur nos capacités, or ce ne sont pas nos capacités qui nous donnent de la joie, c'est la réalisation de nos valeurs.

C'est la reconnaissance de nos valeurs qui va renforcer nos capacités. Les personnes dépressives, par exemple, sont des êtres qui ont aligné leurs idéaux sur leurs capacités, souvent dévalorisées. Les mener sur un chemin de guérison, consiste à les aider à retrouver leur rêve initial, leur inspiration essentielle : à se resituer par rapport à leurs propres valeurs pour les reprendre en compte.

Un dépressif sort de sa maladie, le jour où il peut de nouveau contacter son rêve.

Le mot "Rêve" est employé ici avec une majuscule : il s'agit de ce qui est *le plus sacré, le plus essentiel en nous.* Cela pourrait être apparenté à une "mission", mais à ce mot, préférons celui d'accomplissement.

Le "Rêve" est ce que nous avons à réaliser en tant qu'être venu s'incarner, sous cette forme, à ce moment précis, dans ce monde relatif : le Rêve de l'être, son aspiration profonde.

Nul n'a le droit de toucher à ce Rêve ! Ne laissez personne le dénigrer, le critiquer ou vous faire croire qu'il est trop grand pour vous... à commencer par vous-même (car nous devenons rapidement nos premiers censeurs.).

Michèle J. Noël explique dans ses cours de PNL pour illustrer ces propos, l'organisation que Walt Disney avait instaurée dans ses studios de création.

Dès ses débuts, ce créateur de génie avait réparti ses collaborateurs en trois ateliers bien distincts – et totalement indépendants – les uns des autres. Avec le fonctionnement suivant, encore d'actualité :

– dans le premier se trouvent *les créatifs* ;

De ce vivier émergent les idées, les projets sans aucune limitation à l'imaginaire. Leur seul objectif est de concevoir. C'est en quelque sorte "l'atelier du Rêve." Les projets, une fois conçus, sont apportés à un médiateur dont *l'unique rôle est de faire le lien* entre les différents ateliers.

– dans le deuxième atelier se trouvent *les réalisateurs* ;

Ayant pris connaissance du projet par l'intermédiaire du médiateur, ceux-ci se penchent sur les moyens techniques à mettre en œuvre pour lui donner vie. De même que pour les concepteurs, le résultat de leurs cogitations est confié au médiateur qui se dirige pour finir vers le troisième atelier où officient les critiques.

– le rôle de ces *critiques* est d'adresser aux personnes de *l'atelier de la réalisation, par l'intermédiaire du médiateur*, les modifications qui leur semblent nécessaires afin d'apporter une amélioration – ou émettre des réserves – à leurs propositions, en fonction du projet de départ.

En résumé :

Ces trois ateliers sont indissociables : le premier conçoit les projets, – domaine de l'inspiration –, le deuxième les réalise, le troisième juge le résultat en fonction du projet initial. Mais après la conception, tout se joue entre réalisation et critique : *le projet n'est jamais remis en question.* Si celui-ci n'est pas réalisable dans l'instant, la mise en œuvre peut toujours en être différée, mais le rêve, lui, reste intact.

Dans l'inconscient collectif, le rêve d'aller sur la Lune a toujours existé. Si, à une époque, les hommes avaient décidé une fois pour toutes que ce rêve n'était pas réalisable, il n'aurait jamais pris corps. Il a fallu attendre que "l'atelier réalisation" devienne techniquement capable de le mettre en œuvre, mais il n'a jamais été abandonné et c'est pour cela que des hommes ont marché sur la Lune, le 21 juillet 1969...

Il ne faut jamais modifier son Rêve originel, il est sacré.

Notre vie est indissociable de l'essence de notre inspiration.

C'est pourquoi il est important pour chacun de retrouver son Rêve. C'est cette énergie puissante qui pousse un enfant à dire un jour à son entourage : "Moi, un jour, je serai... !"

Dans cette première impulsion que tous, à un moment ou à un autre, nous avons ressentie. – dans l'enfance ou plus tard – et dans ces paroles que, pour la plupart, nous avons soigneusement mises de côté ou même complètement oubliées, il y a bien plus qu'une belle idée fugitive.

Prenons le temps de nous interroger sur la vie dont nous rêvions...

Pour cela, essayons de nous rappeler quels personnages, réels ou fictifs, nous fascinaient... De nous remémorer pour quelle idée, quel projet, quel engagement, nous nous sentions vibrer... Tout cela avant de nous persuader – ou de nous laisser persuader – que ce n'était "pas pour nous", "pas raisonnable" ou "pas possible."..

221

En allant écouter au fond de nous ce qui résonne à ces mots, cette petite vibration, nous (re-) découvrirons qui nous sommes vraiment. *Il n'est jamais trop tard pour entrer dans notre créativité et redonner sa place au Rêve essentiel, notre vocation primordiale.*

Ne laissons à personne le pouvoir d'abîmer notre Rêve. Au cours d'un séminaire, une stagiaire parodiant un slogan connu, s'est écriée "Touche pas à mon Rêve."

Pour terminer sur ce sujet, voici une question que je pose souvent aux personnes qui participent à ces séminaires : "Vous venez d'apprendre que vous allez mourir demain, à quoi décidez-vous d'occuper cette dernière journée de votre existence, ?"

Que chacun se pose honnêtement cette question et écoute bien sa réponse.

Elle est le révélateur de son Rêve : son essence.

Lilian : lien et musique

Lilian, 28 ans, a été conçu pour "faire le lien" entre son père et sa mère, couple instable. Il a eu beaucoup de mal à se dégager de ce rôle pour suivre sa propre voie.

Dans la 2ᵉ colonne de son Empreinte (Réalisation), se trouvent beaucoup de séparations : (vécu et ressenti des parents pendant la phase de grossesse, relues dans l'histoire personnelle de Lilian).

2ᵉ colonne
   accident à ski : avant-bras cassé
   crises parentales avec projet de divorce
   entorse à la cheville gauche
   psychothérapie pour problèmes scolaires (Lilian est en rupture avec la vie scolaire.)
   et début d'apprentissage de la guitare.

Analyse :
L'accident – avant-bras cassé – les risques de séparation des parents et l'entorse à la cheville traduisent une dévalorisation dans le rayonnement, une perte d'identité, et une difficulté de quitter le connu séparation avec la terre.

Il y a donc une grande tonalité de séparation dans cette phase de réalisation mais pour Lilian, la musique, qui"émerge" de toutes ces séparations, représente la voie de guérison, une possibilité de se relier à lui-même (valorisation par la créativité) et au monde : cette créativité dans le domaine musical lui permet de trouver son unité, son être profond.
Aujourd'hui Lilian a pour projet de devenir musico-thérapeute.
C'est effectivement une façon active d'"emprunter" son Empreinte pour en développer les potentiels de créativité : il se met au service du "lien" (aider les autres à se relier avec eux-mêmes et avec la vie) dans un contexte tout à fait nouveau (hors de ses parents dont il doit renoncer réunir le couple), à travers sa musique qui est l'essence de son Être et son accomplissement.

Dans cet exemple, Lilian entre dans une forme de créativité artistique, mais *toute expression personnelle est de la créativité.* Fabien dont le projet est de fonder une structure pour accueillir des enfants de la DDASS est tout aussi créatif que Lilian à travers la musique.

"Entrer dans sa créativité" signifie trouver son *"talent" personnel* et celui-ci peut avoir trait à tous les domaines. Chacun de nous possède un don, une essence créatrice, que ce soit enseigner, soigner, diriger une entreprise, peindre etc. L'essentiel est de se sentir en totale adéquation avec l'activité que l'on pratique afin que celle-ci soit une véritable source d'épanouissement pour l'être que nous sommes.

UTILISER LE MENTAL

En ce qui concerne l'identification à notre mental, voici ce qu'en disait Ma Anandamayi, célèbre sage indienne :

"Pour se libérer du mental, il faut procéder comme pour s'enlever une épine du doigt : on prend une deuxième épine et, à l'aide de celle-ci, on extrait la première. Ensuite, on les jette toutes les deux."

Ce qui signifie que pour en finir avec le mental, *il faut se servir de lui, en le menant à conscience.* Mais, il est important de comprendre que le mental n'est pas un "ennemi" à éliminer d'emblée : c'est un outil, indispensable à notre évolution.

C'est en fait notre seul outil de départ.

Le travail de mise à conscience ne peut commencer qu'en s'appuyant sur un mental sainement installé et il ne faut pas vouloir "commencer par la fin" ! Cette lapalissade pour dire que la neutralisation du mental est une résultante qui arrive en son temps (En faire un but ne fait que le renforcer).

Le mental disparaît de lui-même au fur et à mesure que la part de conscience augmente : notre seule tâche est de privilégier la croissance de la conscience.

CONSCIENCE ET VOLONTÉ

La conscience ne passe pas par l'intention.

Avoir "l'intention de.." est une façon d'entretenir un programme puisque nous n'interprétons le futur qu'en fonction de ce que nous connaissons : le passé.

Ce volontarisme nous poursuit tout au long de notre chemin dans tous les domaines de l'existence et ce jusque dans notre quête de la conscience.

Nous *voulons* comprendre, nous *voulons* accepter, nous *voulons* être conscients et tant que nous restons dans cette volonté, nous nous ancrons dans la pensée, dans la culpabilité, dans la séparation, ce qui, précisément nous coupe de la conscience !

Tout objectif est le reflet du passé et il est impossible d'avancer en regardant constamment dans un rétroviseur...

Le grain de blé n'a aucunement l'intention de devenir un épi de blé, il n'a même pas l' "idée de l'épi" : il ne le connaît pas. Il laisse simplement toutes les énergies de la vie passer à travers lui et c'est elle qui le transforme en épi de blé en déployant sa structure fondamentale.

Aller de l'avant signifie accepter d'être déséquilibré – c'est le principe même de la marche – et, comme le poisson ou l'électron, oser prendre le risque du mouvement dans l'inconnu. Mais nous, humains, avons à le faire *consciemment...* sans nous focaliser sur *les résultats* de notre action.

En effet, un de nos grands handicaps est, qu'agissant toujours avec un objectif défini, nous nous identifions au résultat de nos actes, en projections dans le futur alors que la seule action réelle que nous ayons est de faire ce que nous pouvons faire, au mieux, *dans le présent.*

"Nous avons droit à l'action, pas au fruit de l'action" (Arnaud Desjardins).

En d'autres termes, agissons comme nous sentons juste de le faire mais faisons confiance à la vie quant au résultat de nos actes : *il ne nous appartient pas.*

Avoir confiance en la vie signifie avoir la certitude absolue que si nous mettons en place une action juste, la situation qui en résultera sera également juste... même si ce n'est pas celle que nous avions en tête.

C'est fondamental.

Précisons qu'il ne faut pas confondre cette "confiance en la vie" avec le simulacre – inconscient – que nous en proposons à nos proches lorsque nous leur disons avec la plus grande sincérité : "Je te fais confiance."

Par cette phrase, nous n'engageons absolument pas notre être : elle signifie seulement que nous ne sommes pas prêts à assumer une trahison. Il ne faut "prêter" que ce que nous sommes prêts à perdre...

Nul n'a le droit de demander à l'autre d'être parfait : faire confiance à l'autre n'est réel qu'en proportion de ce que nous sommes capables d'assumer comme perte ou comme trahison, sinon cette confiance est factice.

Le problème n'est pas dans le fait de "faire confiance" ou non, le débat se situe à un autre niveau : dans toute relation, la position la plus juste est "Je choisis d'être en relation avec telle ou telle personne *et je laisse la vie prendre sa place.*"

"ÇA, MONSIEUR, JE NE SAIS PAS..."

Au cours de ma vie, j'ai eu la chance de rencontrer un certain nombre de personnes extraordinaires, de maîtres spirituels, sans distinction de traditions : soufis, bouddhistes, chrétiens, etc. mais une des plus belles leçons de spiritualité dont je me souvienne m'a été donnée par un parfait inconnu dans un reportage à la télévision.

Cette émission relatait une éruption de l'Etna, il y a une quinzaine d'années.

Des coulées de lave passaient entre les habitations ou même sur elles et le reporter filmait un vieux paysan qui réparait un mur de pierres sèches autour de sa maison.

Le journaliste lui a alors demandé s'il était vraiment utile de faire cela quand cette maison risquait d'être emportée dans la nuit suivante.

Avec une force extraordinaire dans le regard, le vieil homme lui a répondu : "**Ça, monsieur, je ne sais pas, mais aujourd'hui, moi, j'ai ça à faire...**"

Je ne l'ai jamais oublié.

L'ILLUSION DE L'URGENCE

Agir dans le présent nous permet de sortir de l' "illusion de l'urgence."

Lorsque nous mettons une intention dans nos actions, nous entretenons une urgence par notre volonté d'atteindre absolument l'objectif que nous nous sommes fixé.

La guérison, sur tous les plans, n'est ni dans l'intention ni dans l'urgence.

Encore une fois, le pardon comme l'acceptation, ne peuvent être le résultat de la volonté. Ce sont des "états" que nous expérimentons parce qu'à un moment nous vivons en paix une situation qui jusqu'alors nous perturbait.

L'espoir est, lui aussi, un piège qui nous coupe du présent puisqu'il nous entretient dans l'idée du futur. Cela nous maintient dans la séparation et la dualité.

En fait, *il n'y a pas plus morbide que l'espoir*, c'est un obstacle permanent à la conscience !

Ne soyez pas dans l'espoir, soyez dans la certitude !

226

À ce sujet, voici une anecdote concernant un personnage hors du commun, le curé d'Ars :

Ses paroissiens lui ayant demandé de dire une messe pour le retour de la pluie parce qu'une terrible sécheresse sévissait dans la région de Lyon, le jour dit, le curé d'Ars monte en chaire, parcourt l'assemblée du regard, puis leur dit d'une voix de stentor : "Comment ? Vous êtes venus prier que la pluie revienne et aucun de vous n'est venu avec un parapluie ? ! Dehors !"

Un bel exemple de foi...

CONSCIENCE ET ÉVOLUTION

ORIENTATION VERS LA LUMIÈRE

Depuis l'origine du monde, **tout dans l'univers participe d'une orientation permanente vers la lumière.**

Le début de l'Univers, le big-bang, est un mouvement d' "em-plosion" qui aurait eu lieu il y a environ 14 milliards d'années.

En fait, à ce jour, aucun scientifique n'est en mesure de remonter au "temps 0." Il est possible de remonter jusqu'à un milliardième de seconde *après* le big bang, mais il est *impossible* de savoir ce qu'il y avait à la seconde même du big bang et, a fortiori, "avant" cette "em-plosion." *Ce n'est tout simplement pas concevable !*

Dans son livre, *La Première Seconde*, Hubert Reeves explique que : "Malgré d'immenses efforts de la part de tous les chercheurs du monde entier, aucune théorie physique n'est aujourd'hui en mesure de décrire le comportement de l'univers au voisinage du "mur ou domaine de Planck", c'est-à-dire immédiatement avant l'apparition de la matière, c'est une zone à ce jour toujours impénétrable."

C'est la frontière que rencontrent tous les astrophysiciens.

À la question "Qu'est-ce qu'il y avait avant ce milliardième de seconde" – auquel ils remontent par des calculs – tous les cosmologistes sont muets.

Au-delà de cette limite, le concept même de temps n'est plus utilisable.

Il ajoute que si l'on estime que "Le phénomène appelé big bang remonte à environ 14 milliards d'années, les incertitudes sur ces mesures sont encore grandes et que la prudence s'impose."

Tout repose sur des théories et des calculs purement scientifiques, des hypothèses qui ne sont pas vérifiables et souvent controversées."

Mais nous en resterons à ce principe du big-bang, seule théorie officiellement reconnue à ce jour.

En ce qui concerne le mot "em-plosion", je reconnais qu'il n'existe pas mais pour moi c'est le seul qui corresponde à la nature de ce mouvement qui n'est ni une implosion – qui ramène vers l'intérieur – ni une simple explosion, toute à l'extérieur. C'est une "em-plosion[27]" !

Il y a dans ce mot, une idée d' "explosion à l'intérieur."

Et "s'ex-pandre" est le propre de l' "em-plosion.".

Pour illustrer cette formule quelque peu barbare, imaginons que le big bang se renouvelle à chaque instant comme une source intarissable qui se déploie et n'en finit pas de se dilater.

C'est de ce mouvement permanent que sont nées les différentes formes de vie de plus en plus complexes parce qu'en évolution constante.

Même si nous sommes obligés de les distinguer pour en parler, en réalité ces règnes d'évolution de la vie se fondent les uns dans les autres.

Le big bang signe l'apparition du temps et de la matière (le minéral) et puisque le temps et la matière sont indissociables, c'est le début de l'espace-temps ou plutôt du "temps-espace" puisque le temps préexiste à l'espace.

Nous avons déjà abordé ce sujet.

---

[27] Désolé pour les linguistes, mais ne faut il pas aussi prendre le risque d'un nouveau vocabulaire ?

La fonction minérale c'est la forme, le végétal, c'est déjà le mouvement, l'orientation, l'instinct où toutes les cellules sont réunies pour se nourrir à la même source (un coma végétatif signifie que l'on a gardé uniquement cette capacité – végétale – d'assimiler une "nourriture").

Le végétal ne peut pas juger sa lumière. Lorsque nous prenons un coup de soleil, nous en sommes au stade de conscience du légume !

L'animal peut juger la lumière, c'est l'apparition de l'intelligence.

L'homme est d'abord un animal qui a hyper développé l'intelligence à tel point qu'il est capable de la restituer en dehors de lui. L'informatique n'est-elle pas de l'intelligence artificielle ?

L'homme est tout cela, mais il est aussi fait pour la conscience. Il est fait pour mettre en lumière, en conscience ces trois niveaux en lui : animal, végétal, minéral.

LUMIÈRE ET CONSCIENCE

Nous avons la possibilité de mettre la puissance de notre cerveau au service d'un cheminement vers la conscience et il peut, dans ce cas, nous être d'une aide extraordinaire. Il est en effet d'une performance inimaginable : par ses connexions ultra puissantes et hyper rapides, il est capable de nous mettre toujours dans *les meilleures conditions pour nous orienter vers la lumière*.

Ainsi, lorsque nous entrons dans une pièce, – ou n'importe où ailleurs – il capte immédiatement ce qui nous correspond et nous guide vers les personnes ou les situations qui nous conviennent le mieux pour nous permettre d'évoluer vers la conscience.

Quelles que soient les situations que nous avons à vivre – aussi difficiles et insurmontables qu'elles puissent nous sembler sur le moment – ce sont des moments privilégiés : *chaque événement est la chose la plus merveilleuse qui peut nous arriver, au moment où il arrive, pour nous permettre d'accéder à la conscience.*

Il appartient à chacun de nous de les vivre comme tels, de plus en plus consciemment, instant après instant.

La vie nous oriente, nous aussi en permanence vers la lumière.

REMONTER DANS LE TEMPS : "RÉSOUDRE LE BIG BANG..."

Si les différents règnes de l'évolution de la vie se fondent les uns dans les autres alors, nous voyons qu'en mettant ces programmes en conscience, nous libérons notre arbre, autorisant ainsi tous le potentiel de création pour nous et pour nos descendants.

Encore une fois, tout ceci est à lire hors du temps.

Ainsi, dans le relatif, il y a une "origine du monde", que l'on appelle le "big bang", avec un passé et un futur, mais dans l'absolu, il n'y a ni temps ni espace : le big bang – le début de notre univers – est *maintenant*, en permanence.

Il est essentiel de comprendre que nous vivons tous de la même énergie et que ce que nous changeons individuellement a un retentissement sur tout ce qui vit sur cette terre, dans l'espace, dans le temps et hors du temps.

Avec cet éclairage, en nous situant à la base de notre arbre généalogique, nous pouvons affirmer que si nous résolvons un conflit dans la mémoire familiale nous en libérons non seulement les générations proches de nous, mais aussi toute notre lignée ancestrale.

En allant plus loin, nous réalisons que notre arbre personnel peut être remonté sur des milliers de générations et qu'à un certain moment, très lointain, certes, mais réel, il vient se fondre dans l'arbre universel de l'humanité. Or, en imaginant que nous voulions remonter cet arbre universel à l'infini, nous le verrions s'amenuiser peu à peu pour rejoindre l'origine de l'humanité.

Il est alors possible d'en conclure que tout conflit résolu pour soi l'est également pour l'humanité jusqu'à ses origines...

Et, puisque l'homme est issu des règnes précédents, il est tout aussi correct de considérer que nous résolvons également l'origine de l'animal, du végétal ainsi que celle du minéral : le big bang.

Aussi vertigineux que cela puisse sembler, nous pouvons dire qu'en nous libérant de nos conflits, nous "libérons l'origine du monde" !
Or, si nous modifions l'origine du monde, l'univers tout entier est modifié...

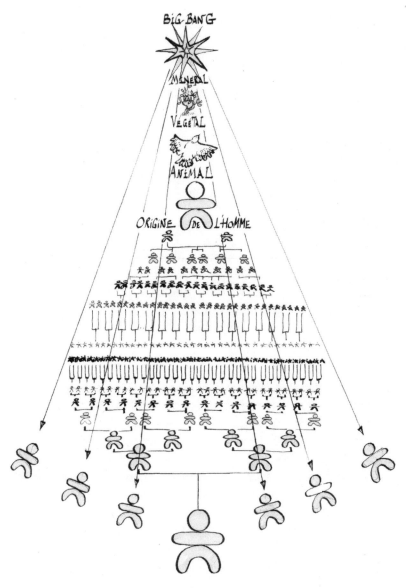

Schéma n°32 - "Résoudre" le big-bang

À chaque instant, chaque action individuelle, accomplie en conscience, profite à l'humanité tout entière. Chaque parcelle de paix installée en nous participe de la paix dans l'univers.

Tout cela implique que nous sommes coresponsables de tout ce qui se passe dans le monde où nous vivons. Il n'y a rien qui ne nous concerne pas, rien dont nous puissions dire que nous "n'avons rien à voir avec ça."

Nous avons tous une part de responsabilité en chacun des événements du monde entier. La véritable écologie se situe dans une prise de conscience de cette réalité, afin d'agir en conséquence.

DE CERVEAU À CERVEAU

Partant du principe que nous participons tous de la même énergie, nous avons un niveau de communication dont nous ne sommes pas conscients et qui pourtant est bien réel : la communication de cerveau à cerveau.

Françoise Dolto l'a souvent utilisée avec succès dans son travail avec les tout-petits et ses livres en présentent de nombreux exemples : pour les enfants de quelques mois, il est en effet possible de déprogrammer des conflits simplement en leur racontant leur histoire (il faut, dans ce cas, leur parler exactement comme à des adultes et leur cerveau capte parfaitement ce qui les concerne).

Il est également très courant que des personnes présentes à un séminaire de bioanalogie témoignent de ce phénomène, notamment au niveau de la relation qu'ils ont avec leurs enfants : lorsque ces personnes ont pris conscience de quelque chose d'important pour elles, et donc pour leur famille, au cours d'une journée de travail, je leur conseille généralement d'en parler avec leurs enfants lorsque ceux-ci sont directement concernés par le conflit évoqué. Leurs réactions les plus immédiates expriment le plus souvent des craintes de ne pas savoir ou de ne pas pouvoir le faire ("Je n'oserai jamais lui dire tout ça ! 'ou' comment il/elle va-t-il réagir en apprenant ça ?").

Mais lorsqu'ils rentrent chez eux, il n'est pas rare que leur fils ou leur fille les interpelle dès leur retour pour leur poser des questions sur leurs "découvertes" de la journée alors que la plupart du temps, disent-ils, ces mêmes enfants affichent une certaine indifférence à leurs démarches personnelles.

En ces occasions, même les plus sceptiques vérifient que leur travail personnel a une répercussion directe sur leurs proches...

Encouragés par cette ouverture inhabituelle, ils trouvent ainsi l'occasion de partager avec leurs enfants des informations qui leur semblaient être jusqu'alors très difficiles à leur communiquer sur des événements qu'ils avaient soigneusement tus ou occultés (en pensant que ceux-ci ne pourraient pas en supporter la révélation).

Or, une communication a eu lieu de "cerveau à cerveau", et ce sont ces enfants ou adolescents qui, se sentant – à juste titre – concernés, demandent à en savoir plus.

Les parents sont toujours très étonnés de la légèreté qu'ils ressentent après avoir pu aborder aussi franchement certains sujets – parfois source de grande souffrance – avec leurs enfants et, précisons-le, ceux-ci ne sont jamais traumatisés par ces informations nouvelles : mieux, quelque chose en eux les attendait et ils se sentent eux-mêmes très rapidement libérés d'un poids jusqu'alors inconscient mais bien présent.

C'est une expérience tout à fait extraordinaire pour les personnes qui la vivent car, reconnaissons-le, toutes les théories du monde ne valent rien face à un instant d'expérimentation.

De grand-mère à petite fille

Thérèse est grand-mère d'une petite fille de 5 mois.

C'est une enfant hypernerveuse qui bouge tout le temps, la changer relève de l'exploit tant elle s'agite et lui faire boire un biberon en entier demande une patience extrême.

Participant à un séminaire de bioanalogie où la communication de cerveau à cerveau a été évoquée, Thérèse est passée voir sa petite fille le soir même.

Prenant le bébé dans ses bras, elle lui a expliqué d'une voix très calme que lorsqu'elle était dans le ventre de sa maman, celle-ci avait très peur qu'elle meure parce qu'elle avait perdu un enfant pendant une grossesse précédente et qu'elle avait eu constamment besoin de la sentir bouger pour se sentir rassurée.

Puis elle lui a expliqué qu'elle n'avait plus besoin de bouger autant pour montrer qu'elle était vivante puisque désormais tout le monde pouvait le savoir simplement en la regardant.

La maman présente a confirmé à sa petite fille qu'elle était rassurée depuis sa naissance et qu'elle ne lui demandait plus de bouger aussi fort.

Chloé a cessé de gigoter dans tous les sens pour contempler le visage de Thérèse, lui a lancé un petit "arreuh" de satisfaction puis elle a bu son biberon sans aucun signe de nervosité et s'est endormie sur les genoux de sa grand-mère, apaisée.

Carine : "Tu as appris quelque chose ?"

Agnès souhaitait avoir un deuxième enfant mais son mari n'en voulait absolument pas et cela a provoqué pendant quelque temps un déséquilibre important au sein de leur couple.

Elle a obtenu gain de cause grâce au soutien d'une psychologue qui a pris le temps de parler longuement avec eux pour les aider à prendre une décision.

Carine, 16 ans aujourd'hui, est donc née grâce à cette médiation.

Cependant si cet homme a accédé à la demande de son épouse, avoir ce deuxième enfant n'était pas pour autant devenu pour lui un choix profond et, depuis toujours, Carine avait de fréquents conflits avec son père, parfois sans raisons apparentes : il fallait qu'elle l'affronte en permanence.

Le jour où Agnès a fait le lien entre le refus initial du père et les conflits entre sa fille et celui-ci, elle a avoué qu'elle ne se sentait pas capable de lui en parler de crainte d'aggraver encore la situation de rejet fille / père. Mais, lorsqu'elle est rentrée chez elle, Carine l'attendait et lui a aussitôt demandé si elle avait "appris quelque chose."

Cette attitude était tout à fait inhabituelle.

Agnès a répondu avec franchise à cette sollicitation, lui faisant part de toute l'histoire concernant sa naissance pour lui expliquer les imprégnations de son Empreinte (phase de projet conflictuelle et de réalisation sans "accueil" réel de la part du père).

Carine a écouté attentivement et a remercié calmement sa mère pour toutes ces informations : quelque chose s'est apaisé en elle en entendant la vérité.

Aujourd'hui, ne se sentant plus dans l'obligation d'affronter son père pour avoir le droit d'exister, Carine peut établir avec lui une relation de moins en moins conflictuelle.

Ajoutons que cette jeune fille, qui avant ce jour ignorait tout de l'intervention d'une psychologue en ce qui concerne sa venue au monde, a une vocation de... psychologue.

Les astrologues nous disent que dans l'évolution de l'humanité, nous sommes passés de l'ère des poissons, ère de la dualité à l'ère du verseau qui est aussi "l'ère du cerveau." Nous sommes en effet à l'Ère de la compréhension des mécanismes du cerveau.

D'autre part, l'ère du verseau nous fait entrer dans "l'horizontalité" – le partage – alors que l'ère du Poisson était l'ère de la "verticalité", de la communication. Dans une relation verticale, le maître enseigne à ses disciples ce qui leur "manque", alors que dans la relation horizontale, nous sommes tous sur un même niveau de compréhension. C'est à travers des échanges que chacun évolue, à son rythme.

Lors des séminaires de bioanalogie, nous sommes ensemble et nous partageons ce que nous sentons, ce qui nous inspire. Grâce à la synergie de chaque groupe, nous pouvons résoudre nos conflits pour aller un peu plus loin, sur nos chemins individuels. C'est le groupe tout entier qui enseigne à chacun.

LES TROIS NIVEAUX DE L'HUMAIN

Comme nous l'avons vu, notre chemin est une orientation permanente vers la Lumière. La conscience est au service de tous les plans subtils de l'homme et notre véritable dimension est de reconnaître ces fonctions – minérale, végétale et animale – en nous afin de les vivre en conscience.

Pour notre fonction animale cela signifie rendre conscients nos mécanismes de pensée et nos fonctionnements de survie.

C'est le premier propos de la bioanalogie.

Cela concerne, en effet, tout ce que nous avons développé jusqu'ici avec l'étude de l'inconscient biologique cellulaire animal et tout ce que cela programme en nous au niveau de notre cerveau. C'est aussi cesser de vouloir s'emparer d'un but.

Pour notre fonction végétale, c'est retrouver ce qui nous unifie intérieurement, et mettre en conscience notre appartenance, notre orientation.

Enfin pour notre fonction minérale, c'est accepter sa forme, ses limites et sa propre disparition.

Le minéral n'a pas peur de la mort. C'est cesser d'entretenir l'illusion du manque.

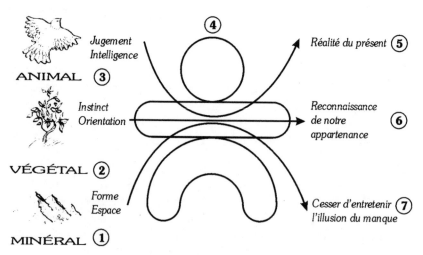

Schéma n°34 - Les trois niveaux de l'humain

L'homme conscient, qui a fait l'union de l'animal, du végétal et du minéral, est, dans l'instant présent, *libre du temps et de l'espace et de son identité : de son incarnation.*

Il n'a pas à "accepter" la mort parce qu'il a réalisé qu'étant une illusion du temps et de l'espace, celle-ci n'existe pas.

Ce que nous appelons la mort est *une nouvelle transformation de notre forme.*

LA "MORT" DE LA GOUTTE D'EAU

Une petite expérience :

Je plonge ma main dans l'eau d'un bassin et lorsque je la ressors, une goutte d'eau se forme, elle glisse le long de mes doigts puis retombe dans l'eau.

Cette goutte d'eau a eu un *début* d'existence sous *forme* de goutte et une *fin* d'existence, en tant que goutte, au moment où elle rejoint l'eau du bassin, mais la totalité de la vie est toujours là.

Rien n'est changé.

Il est intéressant de faire consciemment cette expérience en regardant bien la goutte d'eau qui se détache puis retombe dans l'eau : elle vit, un temps, *une existence individuelle* de goutte d'eau, à laquelle *il ne manque rien* – tout est dedans – puis *elle se fond à nouveau dans la totalité.*

Incarner consciemment sa forme signifie sortir de l'identification à cette forme et, après en avoir accepté les limites, être capable d'en admettre la disparition.

Mais il n'est pas facile d'accéder à cet état de conscience où, libre de son identité, l'homme peut accepter la fin de son corps physique. Fondamentalement, cela implique avoir consciemment réalisé que la vie ne s'arrête pas à la disparition de notre forme.

Le grain de blé ne meurt pas, il se transforme en épi de blé. Sa disparition en tant que grain est inscrite en lui, afin qu'il puisse devenir ce qu'il a à devenir. De même, la goutte d'eau qui retombe dans le bassin perd sa forme et non son essence.

L'idée de la mort qui mène au néant est aussi erronée pour nous que pour le grain de blé ou la goutte d'eau du bassin : **la mort elle-même est au service de la vie**, de transformation en transformation.

C'est notre attachement à notre identité qui nous empêche de vivre la réalité de cette transformation – la mort – comme processus de vie.

"À MA CONCEPTION, JE SUIS"

Notre identification et notre attachement à notre forme sont inhérents à notre origine animale.

En soi, cette forme n'a pas de valeur propre.

Dans la mesure où elle est capteur de la *totalité* des énergies de la vie, elle a *toutes les valeurs* et les ayant toutes, *elle n'en a aucune.*

"Je suis" : il n'y a ni contraire ni échelle de valeurs, ni comparaison possible. "Je suis" est inopposable.

En nous incarnant dans le temps et l'espace, nous passons de l'absolu au relatif : *l'intention est un attachement au temps, l'identification à la forme est un attachement à l'espace.*

Être dans le présent nous incite à considérer chaque événement comme nous concernant en totalité sans chercher à résoudre ni le passé ni le futur.

Cependant, si notre forme n'a aucune valeur, elle est essentielle puisque, encore une fois, c'est à travers cette empreinte unique que chacun de nous peut devenir ce qu'il est. *C'est en vivant consciemment notre corps, notre espace physique que nous pouvons sortir de toute identification à notre forme et à nos actes.*

Encore une fois, notre seul "devoir" est de vivre ce que nous avons à vivre, en faisant, à chaque instant, ce que nous sentons "avoir à faire", sans nous identifier au résultat de ces actes. Si nous vivons notre vie dans sa plénitude, nous sommes libres de la mort, car le seul véritable drame de la mort n'est pas de mourir, mais de ne pas avoir accompli ce que nous avions à accomplir : c'est-à-dire *nous-même.*

Conscient de son incarnation et libre de son identité, l'Homme peut alors accéder à une autre dimension pour passer de la dualité à l'unité : la co-naissance.

La bioanalogie, étape après étape, nous propose de devenir de plus en plus conscient de notre Empreinte afin de nous permettre de l'incarner dans sa totalité, ce qui signifie entrer dans la pleine conscience de notre forme, la laisser se déployer dans sa plénitude tout en acceptant les limites, puis la disparition.

Dans notre schéma, nous constatons comment ces trois niveaux marquent sept étapes dans l'évolution. Le 7 est un nombre sacré dans de très nombreuses traditions : *le 7 et le 1 sont intimement liés, l'un et l'autre sont porteurs de l'essence originelle.*

Issu de 3 + 4, le 7 représente l'alliance du divin (en tant qu'énergie créatrice) et de l'homme : *il symbolise l'aboutissement de la manifestation*[28].

Notons aussi que pour la pensée bouddhiste, les trois vertus essentielles de l'homme sont la sagesse, la compassion et le pouvoir.

La sagesse est liée au discernement, au visuel, à la fonction animale.

La compassion, c'est bien le sentiment d'appartenance à une nature commune, liée à la fonction végétale.

Le pouvoir, c'est le pouvoir sur sa propre vie en cessant d'entretenir l'illusion du manque, et donc cesser d'entretenir l'urgence C'est la fonction minérale par excellence.

---

[28] "Lorsque nous progressons dans l'énoncé des nombres au terme de la première décade, nous parvenons à 10. Ce nombre, par réduction théosophique, 10 = 1 + 0 = 1. Ce qui signifie que 10 a la même signification que 1, il commence un nouveau cycle mais à un autre niveau.
Le nombre 4 et le nombre 7 sont également intimement liés au 1, leur réduction théosophique respective étant la suivante :
1 + 2 + 3 + 4 = 10 = 1 + 0 = 1.
1 + 2 + 3 + 4 + 5 + 6 + 7 = 28 = 8 + 2 = 10 = 1 + 0 = 1.
On peut ainsi en déduire qu'il existe une analogie très forte entre les nombres 1, 4, 7 et 10 par le simple fait que, derrière les apparences, ils sont en réalité porteurs de la même dynamique et génèrent des forces identiques." (*Magie et mystère des nombres* – Bernard Baudouin – Editions de Vecchi).
NB : Cette similitude d'énergie vibratoire confirme ce qui a été exposé chapitre 6 à propos des fratries dont les aînés, n° 1, 4 et 7, 10, etc. et de leur sensibilité de perception commune.

DE L'ESSENCE AU SENS : LA CO-NAISSANCE

L'HOMME ASPIRE AU DIVIN

Nous avons déjà noté que chaque règne d'évolution aspire au règne supérieur : le minéral aspire au végétal, le végétal à l'animal et l'animal à l'humain.

Mais quelle est exactement la place de l'homme dans cette évolution ?

En est-il réellement l'accomplissement comme beaucoup de nos contemporains semblent le penser ?

Konrad Lorenz, zoologue autrichien, nuance quelque peu cette proposition par la déclaration suivante : "Nous avons enfin trouvé le chaînon manquant entre le singe et l'homme : nous."

Au risque d'en décevoir certains, nous devons reconnaître que l'être humain n'est pas une fin en soi : c'est un *degré d'être*, parmi d'autres.

L'univers est en évolution constante et suivant cette évolution universelle, dont nous participons tous, *l'être humain tend vers la conscience, la Co-naissance.*

Lien entre le ciel et la terre, l'homme a à vivre en conscience l'énergie des trois règnes précédents – qui sont en lui – et, poursuivant son évolution, à accéder à sa dimension divine.

Cette évolution est le passage de la *créature au créateur* : en chacun de nous se manifeste la totalité du divin et notre accomplissement est de l'incarner. Nous sommes créateurs de conscience.

Or, pour l'homme, le divin est l' "inconnaissable", l' "impossible" – à concevoir. Toute idéologie, tout dogme concernant le divin est une illusion.

Incarnés dans le relatif, nous ne pouvons pas avoir une idée de l'absolu.

L'accomplissement de l'homme – l'amour – est l'impossible (l'inconcevable) :

"Seul l'impossible est amour"

Et pourtant, plus nous pénétrons le minéral – le concret – plus nous contactons le spirituel, le Divin.

Nous devons bien cerner les idées- pièges qui nous guettent sur ce chemin dont la plus courante est la croyance que pour "atteindre l'esprit" il faut "s'élever, aller vers le haut" car ce faisant, nous perdons le sens des réalités.

Notre rôle n'est pas dans le "pur esprit" : nous nous *incarnons* et pour accéder à la co-naissance, il est indispensable de rester au plus près du concret.

C'est un point très important que je rappelle fréquemment dans les séminaires de bioanalogie : c'est en étant au plus près de la terre que nous sommes au plus près du ciel.

Nous ne pouvons accéder à notre dimension divine qu'à partir du réel.

Mais qu'est-ce que le"réel" ?

"Rien..."

Rappelons que l'Empreinte est une rencontre entre le ciel et la terre qui d'un côté nous met en contact avec le *rien* et de l'autre avec la *totalité*.

Un jour, alors que je me trouvais dans une librairie, j'ai feuilleté "par hasard" un livre parlant de René Schwaller de Lubicz. J'avais 17 ans et je ne connaissais rien de ce scientifique, mystique, passionné par l'Égypte, mort en 1949.

Ce livre, "Aor", était un recueil de ses paroles, citées par sa femme, Isha.

Voici ce qu'il lui a confié avant de mourir, à propos du réel :

"Il ne faut rien imaginer, il faut se taire et écouter dans le silence, sans vouloir voir, et accepter le *Rien*, car ce que l'humain appelle le rien *c'est cela qui est réalité.*"

Je peux citer ces phrases de mémoire parce qu'en les lisant, j'ai eu, pour la première fois, la sensation de découvrir quelque chose de vraiment authentique.

Pour moi, ces paroles étaient une rencontre avec le vrai, le juste.

Depuis, ce sentiment ne s'est jamais démenti et plus de trente-cinq ans après avoir lu ces mots, j'en ai retrouvé l'écho dans ce texte d'un lama tibétain, Lama Gundun :

"Le bonheur ne se trouve pas avec beaucoup d'efforts et de volonté, mais réside là, tout près, dans la détente et l'abandon.

Ne t'inquiète pas, il n'y a rien à faire.

Tout ce qui s'élève dans l'esprit n'a aucune importance parce que n'a aucune réalité.

Ne t'y attache pas.

Ne te juge pas.

Laisse le jeu se faire tout seul, s'élever et retomber, sans rien changer, et tout s'évanouit et commence à nouveau sans cesse.

Seule cette recherche du bonheur nous empêche de le voir.

C'est comme un arc-en-ciel qu'on poursuit sans jamais le rattraper parce qu'il n'existe pas, qu'il a toujours été là et qu'il t'accompagne à chaque instant.

Ne crois pas à la réalité des expériences, bonnes ou mauvaises, elles sont comme des arcs-en-ciel.

À vouloir saisir l'insaisissable, on s'épuise en vain.

Dès lors qu'on relâche cette saisie, l'espace est là, ouvert, hospitalier et confortable.

Alors, profites-en, tout est toi, déjà.

Ne cherche plus.

Ne va pas chercher dans la jungle inextricable l'éléphant qui est tranquillement à la maison.

Rien à faire. Rien à forcer. Rien à vouloir. Et tout se fait tout seul."

Nous n'avons rien à faire.

Rien de plus important que de laisser la totalité des énergies de la vie passer à travers nous, à travers notre Empreinte, pour les laisser se déployer vers la lumière.

Dans les *Dialogues avec l'Ange*, Gitta Mallaz écrit :

"Ne participe pas aux ténèbres, mais rayonne la lumière, toujours et partout ![29]"

J'ai eu le privilège de rencontrer cette femme extraordinaire et je peux affirmer qu'elle ne laissait personne se complaire dans ses "ténèbres" personnelles...

Au cours d'une soirée que nous passions ensemble alors que j'étais assez perturbé par de multiples questions, Gitta m'a regardé droit dans les yeux et me donnant un coup de poing dans le thorax – à me couper le souffle ! – elle m'a dit : "**Qu'est-ce que tu fais de ton énergie ? Tu es soleil et tu es fait pour briller, un point, c'est tout !**"

Par ces phrases, toutes simples, Gitta a complètement élevé mon débat intérieur en le situant à un autre niveau et l'énergie qu'elle a fait naître en moi est totalement indescriptible !

"SOLEIL", NOUS LE SOMMES TOUS...

Nous avons simplement à en prendre conscience pour ne plus l'oublier.

Pour nous y aider, la question de Gitta Mallaz peut être une véritable balise sur notre chemin :

"Qu'est-ce que tu fais de ton énergie ?"

C'est la question essentielle, la seule, et elle est universelle.

En conclusion, voici un texte de Nelson Mandela, avec le vœu que ces paroles magnifiques accompagnent chacun sur son chemin, afin de l'aider à s'accomplir dans son unicité essentielle, par sa créativité et son authenticité.

---

[29] *Dialogues avec l'Ange* – Editons Aubier – entretien 25.

"Nous n'avons pas peur de ne pas être à la hauteur, notre vraie peur, c'est d'être trop puissants... C'est la lumière qui est en nous, pas les zones d'ombre, qui nous terrifient le plus.

Car qui sommes-nous pour être si brillants, si formidables, si talentueux, si pleins de ressources ?

En fait, pour qui vous prenez-vous pour ne pas l'être ?

Vous êtes filles et fils de Dieu.

Jouer les petits ne rend pas service au monde.

Se déprécier pour conforter les autres autour de soi n'a rien de très illuminé.

Nous avons tous, pas seulement quelques-uns d'entre nous, été créés pour irradier la gloire de Dieu qui est en nous.

Quand nous la laissons rayonner, nous incitons les autres à faire de même.

En abandonnant notre propre peur, notre présence aide les autres à se libérer des leurs."

Beaumont 4 janvier 2004.

DÉDICACES

Cette dernière partie n'a pas de résumé, cette dernière partie nécessite d'être lue en entier.

J'ai préféré extraire quelques phrases-clés de ce livre.

Chacun pourra choisir celle qui lui convient, elle lui servira de dédicace afin de nourrir cet "instant personnel" et unique qu'est notre Empreinte de naissance. De tout cœur.

1. Chaque élément de notre vie restitue la totalité de notre existence.
2. Et si nous commencions par perdre l'habitude de mourir ?
3. 100% programmés 100% libres.
4. Laissons la vie prendre sens en nous.
5. Nous sommes le vécu et ressenti de nos parents.
6. Guérir c'est, passer du seul à l'unique.
7. La pensée n'est pas la conscience.
8. La vie nous oriente en permanence vers la lumière.
9. Nous ne pouvons guérir que dans le réel.
10. Il n'est qu'une vérité : nous-même.
11. La certitude absolue que chaque chose a un sens.
12. L'espace est une dilatation du temps.
13. L'univers tend vers le présent.
14. Survivre, n'est pas vivre.
15. Seul l'impossible est amour.
16. Je préfère "mourir vivant", que "déjà mort".
17. "Touche pas à mon rêve !"
18. La conscience est sans intention.
19. "Çà, je ne sais pas, mais moi, aujourd'hui, j'ai ça à faire... !"
20. Ne soyez pas dans l'espoir, soyez dans la certitude.
21. Qu'est-ce que tu fais de ton énergie ?
22. Ni relié ni séparé.

Formations et stages

Vous pouvez faire vos commentaires, vos suggestions, partager vos expériences.

Jean-Philippe Brébion fait des conférences, anime des stages et des formations en bioanalogie.

Vous pouvez également vous informer sur le programme des stages.

Vous pouvez vous-même organiser un stage ou une conférence.

Contactez : **Jean-Philippe Brébion**.

– soit en écrivant à : 32, rue Maradeix, 63110 BEAUMONT ;

– soit sur le site internet : www.bioanalogie.com;

– soit directement à l'adresse e-mail : contact@bioanalogie.com.

BIBLIOGRAPHIE

- Claude Sabbah : *La Biologie Totale des Etres vivants* (Claude Sabbah, auteur-éditeur).
- Gérard Athias : *Les Racines familiales de la mal à dit* – 2 tomes (Éd. Pictorus).
- Ryke Geerd Hamer : *La Médecine nouvelle* La Quintessence.
- Elisabeth Horowitz : *Se libérer du destin familial* (Éd. Dervy)/ *Se libérer du temps généalogique* (Ed Dervy)/*Sous l'influence du destin familial* (Éd. Dervy).
- G. Mambretti : *La Médecine sans dessus dessous* (Éd. Amrita.).
- Christian Flèche : *Mon corps pour me guérir* (Éd. Le Souffle D'Or).

***

- Isha Schwaller de Lubicz : *"A.O.R" R.A. Schwaller de Lubicz, Sa vie son œuvre* (Éd. La Colombe, 1963).
- Gitta Mallasz : *Dialogues avec l'ange* (Éd. Aubier).
- Arnaud Desjardins : *Les Chemins de la Sagesse* 3 Tomes (Éd. La Table Ronde).
- Satprem : *La Révolte de la terre* (Éd. Robert Laffont 1990).
- Scott Peck : *Le Chemin le moins fréquenté* (Éd. J'ai lu 1991).
- Eliott Arnold : *La Flèche brisée* (Éd. du Rocher 1992).
- Arthur Janov : *Le Cri primal* (Éd. Flammarion).

***

- Bernard Baudouin : *Magie et mystère des nombres* (Éd. de Vecchi).
- Konrad Lorenz : *L'Agression, une histoire naturelle du mal* (1966).
- Le Robert : *Dictionnaire historique de la langue française*, Mars 2000.

AVERTISSEMENTS

Ce livre est illustré d'histoires vraies qui ont été révélées au cours de consultations ou de stages.

Par respect pour leurs acteurs et pour en préserver l'intimité, les prénoms ont été modifiés, et certaines histoires ont été associées. Ceci afin de brouiller les pistes et que personne ne puisse s'y reconnaître. Toute personne se reconnaissant ne peut être que pure coïncidence et ne serait en rien une trahison du secret professionnel. La modification des histoires n'altère en rien la véracité du fond, elles restent fondamentalement authentiques.

TABLE DES MATIÈRES

Du même éditeur

Encyclopédie de la symbolique des rêves

Georges Romey

Fondé sur l'analyse d'une énorme base de données recueillie dans le cadre de la technique thérapeutique du "rêve éveillé libre" pendant vingt-cinq ans, auprès de mille deux cent personnes, cette œuvre monumentale permet de dégager certaines constantes précises et d'attribuer ainsi à chaque symbole une valeur psychologique fiable. La rigueur méthodologique de cet ouvrage de référence en fait un outil unique et indispensable aux thérapeutes, à quelque école qu'ils se réfèrent.

1472 pages - Isbn 2-913281-48-6

Le Grand dictionnaire malaises et maladies

Jacques Martel

Voici le plus grand dictionnaire sur les causes des malaises et des maladies reliées aux pensées, aux sentiments et aux émotions. Il permet de prendre conscience de l'origine de nos malaises pour, grâce à la technique de l'intégration, permettre de changer nos attitudes et pensées, et désactiver la source du conflit.

414 pages - Isbn 2-913281-15-X

Empreinte de naissance

Jean-Philippe Brébion

Ce livre met en évidence un cycle biologique cellulaire unique. C'est d'abord une relecture de la biologie totale issue des travaux de Claude Sabbah avec les principes de base de la bioanalogie. Cette relecture du sens biologique de la maladie au travers des notions d'espace et de temps ouvre un regard nouveau sur nos programmes de naissance, .

256 pages - Isbn 2-913281-33-8

Le cancer apprivoisé

Léon Renard

La maladie n'est pas une ennemie, mais un message, une communication non verbale. Le corps crie un problème que le malade ignore ou refuse de voir. La maladie concerne l'être total - physique et psychique - et, dans le cas du cancer, des résultats remarquables ont été obtenus en prenant en compte la relation entre le cancer et le psychisme.

256 pages - Isbn 2-913281-53-2

Plein le dos de cette famille

Claudine Corti

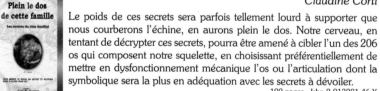

Le poids de ces secrets sera parfois tellement lourd à supporter que nous courberons l'échine, en aurons plein le dos. Notre cerveau, en tentant de décrypter ces secrets, pourra être amené à cibler l'un des 206 os qui composent notre squelette, en choisissant préférentiellement de mettre en dysfonctionnement mécanique l'os ou l'articulation dont la symbolique sera la plus en adéquation avec les secrets à dévoiler.

192 pages - Isbn 2-913281-46-X

Mal de dos, mal de l'être

Claudine Corti

Il est habituel de constater que lorsqu'on s'exprime à propos des maux de dos, il est d'usage de dire : « Mal de dos, Mal du siècle ».
Ce livre va vous prouver que le Mal de Dos n'est pas une fatalité et n'est pas, non plus, exclusivement dû à un faux mouvement ou à un simple coup de froid. Vous allez découvrir, vertèbre par vertèbre, le sens réel et caché des véritables causes du mal de dos.

256 pages - Isbn 2-913281-52-4

Du même éditeur

Origines et prévention des maladies

Salomon Sellam

Excellent ouvrage de médecine psychosomatique destiné au grand public. Il met en évidence que la maladie serait un transposé exact, au niveau du corps, d'un conflit psychologique conscient ou non. La psychogénéalogie étudie les rapports possibles entre l'état physique et mental d'aujourd'hui et l'histoire familiale de clan.

352 pages - Isbn 2-913281-16-8

Enquêtes psychosomatiques

Salomon Sellam

Ouvrage de médecine psychosomatique destiné au grand public, complément du livre du même auteur : «Origines et prévention des maladies». Ce livre reprend les bases théoriques de l'Analyse Psychosomatique, confortées ici par l'expérience d'une pratique quotidienne. Cette étude permet de faire le lien entre certains détails d'une histoire et les conséquences dans la vie quotidienne.

224 pages - Isbn 2-913281-18-4

La Psychogénéalogie appliquée

Paola del Castillo

Familles en crise, nouvelles donnes : enfants abandonnés, mort d'un proche, accident, maladie, échec, migration, les vies de nos aïeuls se fondent dans le tourbillon de la grande Histoire. La psychogénéalogie appliquée décrypte avec une étonnante logique la combinaison des alliances, déjoue le mouvement des répétitions, lève le silence des morts.

176 pages - Isbn 2-913281-09-5

La symbolique des prénoms

Paola del Castillo

Le symbolisme des prénoms, le calendrier familial, les saints du jour en lien avec les dates de conception, naissance, mariage ou décès, ouvrent une piste de réflexion insoupçonnée. Les hypothèses proposées se basent sur une expérience de travail sur les arbres généalogiques. Il s'est souvent avéré que les mêmes histoires de famille se retrouvaient avec certains prénoms.

176 pages - Isbn 2-913281-27-3

Le Grand livre de la psychogénéalogie

Paola del Castillo

Ce dictionnaire est le premier à sortir sur le sujet, il présente une recherche originale basée sur les histoires de vie des patients. Il se veut une aide efficace pour libérer les répétitions de l'inconscient familial, à partir des prénoms, des dates anniversaires, de naissance, de mariage, de décès, des situations vécues par les ancêtres. Ce livre apporte des réponses satisfaisantes et des solutions rapides au manque de communication familiale, au désir de savoir.

416 pages - Isbn 2-913281-57-5

La dent c'est la vie

Hervé Pic

Nous sommes construits à partir de la conjonction de deux mémoires cellulaires distinctes : une mémoire archaïque originelle qui nous forme et nous façonne dans notre appartenance à l'espèce humaine, et une mémoire acquise, qui puise dans notre environnement propre tous les éléments nécessaires à notre construction personnelle. Simplement pour que nous puissions «être». C'est un moyen simple de comprendre ce à quoi nous réagissons, afin de mieux pouvoir gérer notre émotionnel.

160 pages - Isbn 2-913281-56-7

Éditions
Quintessence